# VOICE OF BLUE

## Real history of Jazz

# 舞台上で繰り広げられた真実のジャズ史をたどる旅

著・高内春彦

RittorMusic

# はじめに

読者の皆さん、こんにちは。ジャズ・ギター・プレイヤーで作曲家のＨＡＲＵです。僕が最初に渡米してからもうすぐ36年になろうとしています。２００１年のアメリカ同時多発テロ事件では、グラウンド・ゼロが僕の家のすぐ近くだったので、しばらく居住が難しくなったため日本に帰国しました。以来、東京に拠点を置きながら、仕事などのたびにアメリカと日本をこまめに往復しています。

僕は大学で美術の勉強をして、卒業後に渡米しました。ですから、プロ・ミュージシャンとしてのキャリアはアメリカでスタートしたことになります。そんな僕が現地アメリカで見てきたジャズの本流や歴史観は、日本にいた頃の自分が知っていたものと少し違う気がしました。きっと渦中でジャズを生業としてきたことで、日本で勉強してきたこととの差異に気付いたのだと思います。

この本ではそうした視点から捉えた日米の相違や、アメリカ的視点に立ってみれば見えてくることなどを紹介したいと思います。また、実際に僕が共演した偉大なミュージシャンたちから学んだこと、経験したことなど、様々なエピソードを加えてご紹介したいと思います。

ジャズの歴史を、僕がその成り立ちから説明することは難しいですが、1955年以降のジャズであれば、それは自分の生きてきた時代でもあり、リアルタイムに経験してきたことなので、その辺りを中心にまとめました。しかし、それを説明するためには、自分が生まれる前の、より過去へ戻る必要もありました。

というのは、アメリカではジャズの中心、主流はどこまで行ってもデューク・エリントンなのです。エリントンのした作業とは何だったのか、残したものは何だったのか？　ここから始めなければならないと感じたからです。

そしてビバップでは何が起きていたのか？　何が改革的だったのか？　さらに、それまでのエリントン的なハーモニーを少し遠ざけた結果になっていったのは、チャーリー・パーカーの偉業を分析的に捉え過ぎたからなのか？　ビバップをひとつの演奏方法に発展させてしまったのはジャズの教育書、または学校にも問題があったのかもしれない……などなど。

音楽と言語は一致しています。スペイン語とラテン、マリアッチ、タンゴ。ポルトガル語とボサ・ノヴァ、サンバ。カリビアン・イングリッシュ（キング・イングリッシュ）のレゲエ、カリプソなどです。ジャズはグローバル化し、各国のジャズがどんどん誕生していきました。日本のジャズは歴史も古く、独特な異彩を放っていると思います。日本のジャズがアメリカのコピーだけからできているわけではないことは、皆さんもお馴染みの日本のジャズ・スターたちを見てお分かりと思います。ジャズは今やグローバルな音楽ですね。

そして、ジャズはこういったエスニシティを1970年代辺りから顕著に融合していきます。実際の世界より音楽では世界が小さくなります。

元々のアメリカンなジャズの捉え方は様々です。実際、最も現在進行形な土地、NYに行くと、常に旬なジャズを聴くことができます。もしワシントンDCに行くなら、スミソニアン博物館に行くと良いでしょう。そこにはアメリカ史館があり、ルイ・アームストロングなど、歴史に残るジャズマンの楽器などが展示され、シアターでは歴史的な録音や名盤が再編集され、上演販売されています。

僕は音楽学校に行くお金もなかったので、ハーレムのジャズ・モビール（NY市役所の文化部門が経営する機関で、ジャズの教育や演奏を行なう）で伝統のスウィング・ギターを習ったり、共演した音楽家から多くのことを学びました。アメリカの伝統としてはブルースとゴスペルは違うこととか、スウィングからポップス、ロック、ソウルへ移り変わっていく、つまり、それらのルーツは一緒だということとかを、実感できるようになりました。

理論から学ぶのも大切で、しかも便利だけど、本来はまず音楽がありきで、そしてそれを分析する人がいて理論が成立していくという流れ。つまり、理論先行という教育方針は早道であるけど、表現は教えていないか、あと回しになってるってことですね。

アメリカのミュージシャンはひとりひとり伝統を重んじてはいますが、知識的に詳しいわけではありません。レコードやCDなどの情報も日本人の方が詳しいかもしれません。彼らは歴史の順番に音楽を憶え習って、演奏できるようになった感じでもないのです。スタンダード曲も日本人の方が知っているでしょう。彼らからは、歴史的に染み込んだハーモニーみたいなものを感じます。何百年もかかってできてきたもののような気がするのです。最初から自分流、自分の好きな音楽をやろうとする人が多く、自由があります。いいネ！　ストレス少ないかも……。

僕はそんな環境で感じ、身に付いた感覚から見たジャズの流れをこの本に書いてみました。ミュージシャン・サイドの方角から見たジャズの側面を読んでみてください。

２０１７年４月

# 目次

## VOICE OF BLUE Real history of Jazz

### 舞台上で繰り広げられた真実のジャズ史をたどる旅

## 第1章　デューク・エリントンの遺産 —— 9



## 第2章　ビバップの時代 —— 41

## 第3章　モードの真実――91

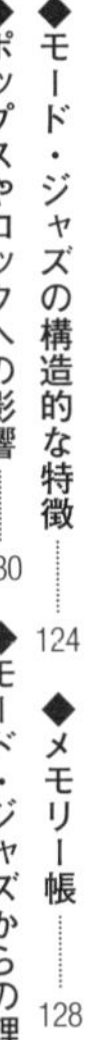

## 第4章　エスニシティとジャズ――141

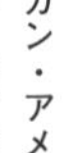
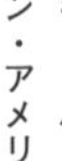
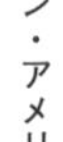
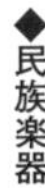

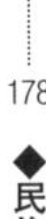

第1章

# デューク・エリントンの遺産

## ◆デューク・エリントン＝ジャズの伝統

１９９９年の春、ニューヨーク市でデューク・エリントン生誕百年祭なるイヴェントがありました。この時、ウィントン・マルサリス（tp）が先頭になってタイムズ・スクエアからジャズの「練り歩き（行進）」が行なわれましたが、本来、ジャズとは「練り歩き」＝Marchingの音楽である、とも伝えられていますね。

タイムズ・スクエアから１０６丁目のブロードウェイまでの練り歩き。１０６丁目はエリントンのＮＹの自宅があったところで、The Duke Ellington Boulevardという名も付いています。

いわゆるマルサリス一派と呼ばれるミュージシャンたちが列をなして、ニューオリンズなスタイルで演奏しながらずっとブロードウェイを上がっていきます。その途中で出会ったストリート・ミュージシャンも巻き込んでいくという演出もありました。「電気を使う楽器はジャズではない」とエレクトリック・ギターを嫌っていたウィントンだけど、この時にはリンカーン・センターの前でストリート演奏している僕の友人のギタリスト、アンディも入れて演奏する予定で、「マルサリスがギターとやるのは初めてじゃん！」ということで僕も観に行きました。ＮＢＣやＮＹ１といったＴＶ局も追っかけていましたね。

このようにニューオリンズなスタイルの音楽をエリントンに捧げるという行為自体は、日本ではピンと来ないかもしれません。エリントンはスウィング時代を代表する人だし、ニューオリンズといえばディキシーランド。日本でこれらは違うスタイルだよね。でも、最古のジャズ・スタイルであるディキシーランドをエリントンに捧げるということは、アメリカではエリントンという存在がイコール「伝統」であり、ジャズの主流であることを示しています。

この章では、その辺りについて詳しく書いていこうと思います。

## ◆スミソニアン博物館のデューク・エリントン

僕たち日本人は、特に1950年代のポスト・ビバップ以降はマイルス・デイヴィスを中心に考えていることが多いと思うけど、アメリカのメインストリーム（主流派）は昔も今もデューク・エリントンです。

デューク・エリントンは1899年、ワシントンDC生まれで、本名はエドワード・ケネディ・エリントンといいます。大統領みたいな名前だよね。あだ名のDUKEは公爵で、ついでにいうとCOUNTは伯爵……すごいね。

ワシントンDC出身ということもあって、お膝元であるDCのスミソニアン博物館（注

1）のひとつ、アメリカ史博物館にはAfrican-Americanの文化と歴史のコーナーがあり、そこではエリントンを中心としたジャズ文化の展示やＣＤ、資料の販売、実際の演奏などが１９８５年頃から行なわれていました。ジャズ博物館みたいなもの。しかし、この本の執筆前の２０１４年に、しばらくぶりに見ておきたいと思い訪問したら、残念ながらほとんどなくなっていました。

ではその分、何ができたのか……それは歴代の大統領のコーナー、ファースト・レディの歴史のコーナー、そして戦争の歴史と国に命を捧げたヒーローたちのコーナーです。アメリカが世界平和のために戦う姿を見せるコーナーや、ミリタリーの勧誘デスクもあります。そして、ここには全米からの修学旅行生がたくさん訪れパトリオットな気持ちを育みます。僕はこんなことからも、既に世界は平和ではないのだなあ、と感じています。

そういうわけで、スミソニアン博物館では残念ながらジャズを殊更大きく扱うことはなくなってしまいました。それでも、アメリカでのジャズは幼年期をとっくに終えて熟成期に入っているといっても良く、それだけ時間をかけて一般の生活の中に入り込んでいます。新しい文化としての在り方ではなく、普通に生活の中に。

以前はスミソニアン博物館が持っているジャズの音源をまとめたＣＤや本が、館内のショップでたくさん売られていました。本は20～30冊くらいあったと思うのですが、今はアンソロジーになっている１冊（ＣＤ６枚付き）（注２）だけのようです。この本には、日本

ではあまり知られていないジェリー・ロール・モートン（注3）も多くのジャズ・ジャイアンツに並んで紹介されていて、その辺りも感覚の違いを理解することができますね。他にも、チャーリー・パーカーのニックネームが本来はヤードバードで、さらに略したニックネームが「バード」であるとか、そういった現地でのエレメントを知ることができます。

また、スミソニアン博物館は、ルイ・アームストロングのコルネット、チャーリー・パーカーのアルト・サックス、アート・ブレイキーのドラムス、チャールズ・ミンガスのベースなど、ジャイアントたちが所有していた楽器も多数所蔵しているのですが、これらはいつでも見られるとは限らないようです。昔は常設だったので、ちょっと寂しいですね。

アメリカ人にとっての共通のジャズ観は、こういった博物館などによる研究の成果も影響があるのでしょう。それに対して、日本のジャズ観は極めて個人的なジャズ史の集合のようなところがあるかもしれませんね。

## ◆エリントンの功績

デューク・エリントンといって多くの人が思い浮かべるのはオーケストラでしょう。でも彼の本当の功績はオーケストラだけではなく、ジャズという音楽を大きく成長させたことです。

まずは、ブギウギを一般的にしたこと。これはスウィングの原点ともなるリズムであり、のちのシャッフル、R&B、ロックン・ロールなどに繋がります。ブギウギをロックのリズムだと思ってはいけません。ジャズのルーツであり、そこからロックも生まれたのです。アメリカ音楽のほとんどはブギウギを共通のルーツとして持っています。もし皆さんがスウィングのリズムをマスターしたいなら、このブギウギから始めるといいでしょう。リズムやグルーヴは「口ドラム」で習得することをお薦めします。エリントンを聴いて、ブギウギのリズムを充分に感じたら、すぐにホーン・セクションを真似て口ずさんでみましょう。そんなことを繰り返しやっていると、自然に身に付くと思います。もちろんレコードに合わせてそれをやることは、さらにお薦めです。

また、エリントンはジャンルを超えてポスト印象派のアメリカの作曲家たちとも影響しあって作品を作ってきました。ガーシュウィン、ストラヴィンスキー、またリディアンを中心に作曲された『ウエスト・サイド物語』で有名なバーンスタインなどの作曲家たちと、お互いに与え合った影響は深いものがあります。ガーシュウィンの「Rhapsody In Blue」は、ポスト印象派とジャズとの縁の深さを示す曲といえますね。

エリントンのサウンドには、そういったポスト印象派的なサウンドに加え、抽象表現主義的な雰囲気、つまりアヴァンギャルドな要素すら感じます。あの時代であんなにアヴァンギャルドな雰囲気で、よく人気バンドになったなあ、奇跡的だなあ、とさえ感じてしま

います。

エリントンは、こういった要素をジャズに、引いてはポピュラー音楽に持ち込んだミュージシャンであり、アメリカでは今でもジャズのメインストリームの象徴として尊敬を集めているのです。

## ◆ビリー・ストレイホーンとエリントン

エリントンがバンド・マスターとして、作曲家として、ピアニストとして、ラジカル（急進的）な活動をともにしてきたミュージカル・パートナーが、ビリー・ストレイホーンです。このふたりの出会いによって数々のエリントン・ナンバーが生まれてきたといえるでしょう。このふたりによる作品群は、本当に自由な発想から成る楽曲です。それまでの「ハーモニック」な理論に捕われることなく、自由な作曲がされています。

個々による作品、共作にはどんなものがあるでしょう。僕はギタリストでもあるので、ギターでカヴァーされることの多い曲を中心に挙げてみます。もちろん、これは一部だけで、実際にはもっと数多くの作曲作品があります。

**【エリントン作曲】**

Sophisticated Lady
It Don't Mean A Thing
Things Ain't What They Used To Be
Caravan（ファン・ティゾール/tbと共作）
In A Mellow Tone
Prelude To A Kiss
In A Sentimental Mood
Rockin' In Rhythm
Cotton Tail
Take The Coltrane

**【ストレイホーン作曲】**

Take The A Train
Chelsea Bridge
Lush Life
Rain Check

After All
A Flower Is Lovesome Thing

**【エリントン&ストレイホーン共作】**

Isfahan
Satin Doll

## ◆「エリントン派」の作曲家たち

エリントンに大きく影響されたミュージシャンや作曲家を「エリントン派」と呼ぶことがあります。

少しだけ理論的に作曲の内容を見て、エリントン・ナンバーが後世に与えた影響を考察してみましょう。

まずはストレイホーン作曲の「Take The A Train」をサンプルにしてみます（譜面1参照）。

この曲のイントロはあらゆる楽曲の中で、この曲にしかない希有な構造を持っています。それは、イントロの調性がドミナント（属和音）ではなく、トニック・ドミナント（主

●譜面1

Take The "A" Train
Intro
C/G
A♭aug/G♭
C/G
A♭aug/G♭
3
A
C
D7(♯4) as D Whole Tone
Dm7
G7
C
1.
2.
C
(C7)
B
F
D7
Dm7
G7
G7(♭9)
A'
C
D7(♯4)
Dm7
G7
C

和音の仲間）でできていること。専門的にいうと、「ホールトーン・スケール」というコンビネーション・スケール（ふたつの和音を組み合わせた音階）でできています。

このスケールは、Ａ3、4小節目のコードと関連した構造を持っています。Ⅰ－Ⅰ－Ⅱ7－Ⅱ7－Ⅱm7－Ⅴ7－Ⅰ－Ⅰという進行のⅡ7の部分です。

この曲のコード進行は、ミッシェル・ルグランの「Watch What Happens」や、ボサ・ノヴァの創始者でもあるアントニオ・カルロス・ジョビンの「The Girl From Ipanema」「Desafinado」の冒頭と同じ構造を持っています。彼らはエリントン・ナンバーから影響を受けているわけですね。後世に作られたこれらの楽曲の場合は3、4小節目で「リディアン・ドミナント7th」というスケールとハーモニーを持ちます。コード進行は似ていても、あまりに有名な「Take The A Train」の「ホールトーンなコンセプト」とは少し変えているのです（譜面2参照）。これらをどこで見分けるかといえば、それはメロディの構造や雰囲気です。コード進行が同じであっても類似曲とはいえません。「全てはメロディである」ということに尽きますね。

時折ジャズ・プレイヤーは、曲のメロディを読むことをしないで、楽譜に書かれたコードだけを見てパズル的にアドリブを組み立ててしまうことがあります。こういったやり方には、作曲家に対するリスペクトをあまり感じません。プレイヤーにとって、エリントン・ナンバーに取り組むことは、ジャズ演奏の原点的な表現方法やメロディの意味を思い

●譜面２

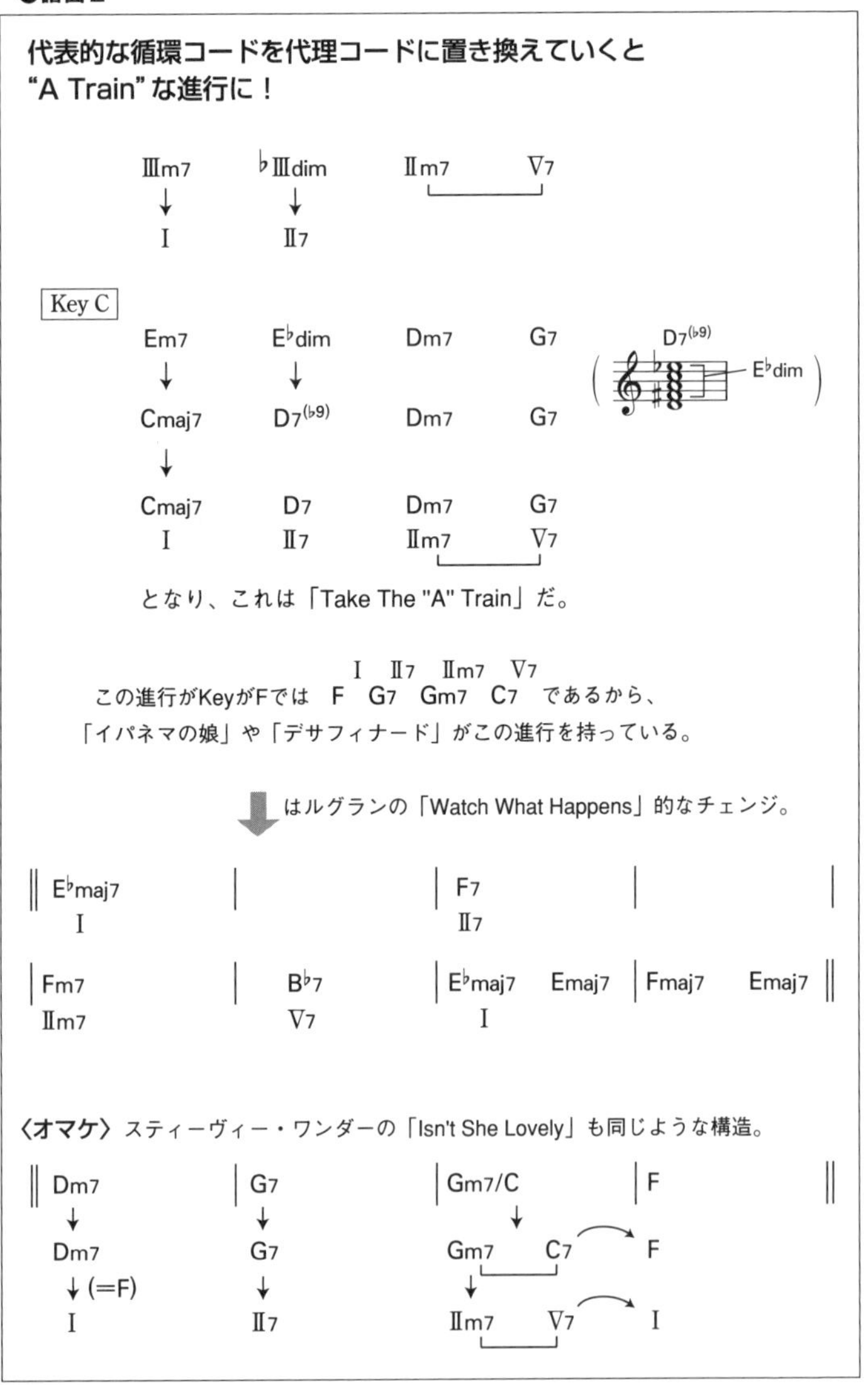

代表的な循環コードを代理コードに置き換えていくと
"A Train"な進行に！
Ⅲm7 ♭Ⅲdim Ⅱm7 Ⅴ7
Ⅰ Ⅱ7
Key C
Em7 E♭dim Dm7 G7
Cmaj7 D7(♭9) Dm7 G7
D7(♭9)
E♭dim
Cmaj7 D7 Dm7 G7
Ⅰ Ⅱ7 Ⅱm7 Ⅴ7
となり、これは「Take The "A" Train」だ。
Ⅰ Ⅱ7 Ⅱm7 Ⅴ7
この進行がKeyがFでは F G7 Gm7 C7 であるから、
「イパネマの娘」や「デサフィナード」がこの進行を持っている。
はルグランの「Watch What Happens」的なチェンジ。
E♭maj7 F7
Ⅰ Ⅱ7
Fm7 B♭7 E♭maj7 Emaj7 Fmaj7 Emaj7
Ⅱm7 Ⅴ7 Ⅰ
〈オマケ〉スティーヴィー・ワンダーの「Isn't She Lovely」も同じような構造。
Dm7 G7 Gm7/C F
Dm7 G7 Gm7 C7 F
(=F)
Ⅰ Ⅱ7 Ⅱm7 Ⅴ7 Ⅰ

出させてくれます。

さて、「Take The A Train」がさらにすごいのは、AABAという32小節構成のBセクションです。４小節だけサブドミナント（下属和音）のFコードに行っただけで、使っている他のコードはAセクションと同じです。たったこれだけの技で、Aセクションとは全然違ったサウンドに聴こえるし、自然です。これぞ完璧な作曲！

次に、その発展形の構造を持つエリントン&ストレイホーン共作の「Isfahan」を見てみましょう（譜面3参照）。

「Isfahan」は、「Take The A Train」が持つ、I－I－II7－II7－IIm7－V7のコード進行のヴァリエーションともいえる構造を持っています。

まず「Take The A Train」を循環コード的に転回して、I－VI－IIm7－V7型にします。1～2小節目のD♭maj7－B♭maj7ですが、この進行はProgression Of Minor 3rdといい、平行移動和音の強進行のひとつでもあります。本来VI7（B♭7）であるべきところをまずVImaj（B♭maj7）に進行し、それを2小節目後半でVI7（B♭7）に変えることで、II7（E♭7）に進行しやすくしています。さらに5小節目では、サブドミナントであるIIm7をサブドミナント・マイナーに換え、その代理コードのVI♭maj7（Amaj7）とし、そしてV7（IIm7♭5－V7♭9に細分化。ここではE♭m7♭5－A♭7♭9）というマイナー・キーのツー・ファイヴ型の代理進行でメジャーに解決します。

●譜面３

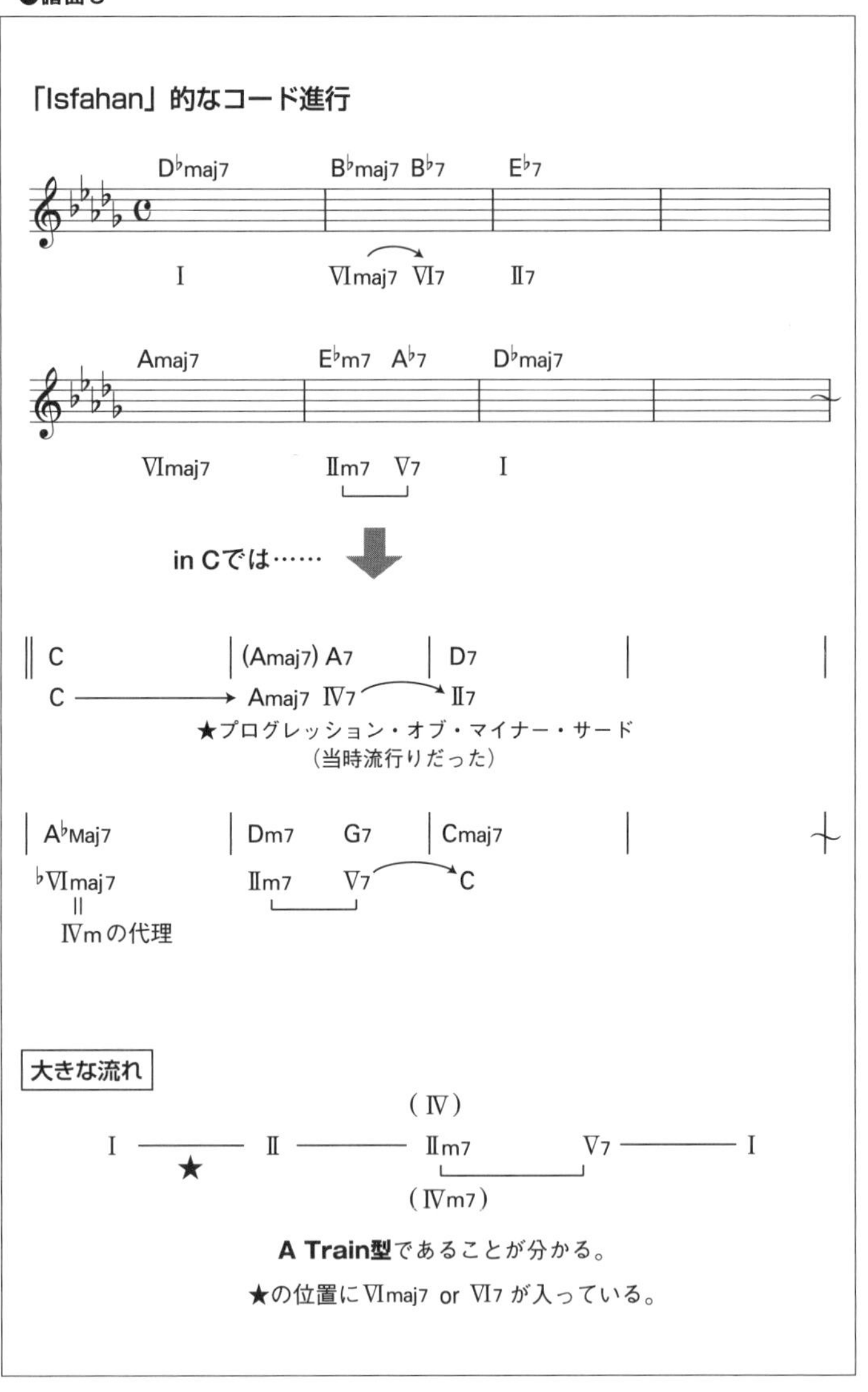
「Isfahan」的なコード進行
D♭maj7
B♭maj7 B♭7
E♭7
I
VImaj7 VI7
II7
Amaj7
E♭m7 A♭7
D♭maj7
VImaj7
IIm7 V7
I
in Cでは……
C
(Amaj7) A7
D7
C
Amaj7 IV7
II7
★プログレッション・オブ・マイナー・サード
（当時流行りだった）
A♭Maj7
Dm7 G7
Cmaj7
♭VImaj7
IIm7 V7
C
IVmの代理
大きな流れ
(IV)
I
II
IIm7
V7
I
(IVm7)
A Train型であることが分かる。
★の位置にVImaj7 or VI7が入っている。

こうして循環コードのヴァリエーションを作り、シンプルなコード進行をちょっとだけ複雑化させるとあら不思議！　もう「Take The A Train」のサウンドは感じません。冒頭の部分は他の楽曲と同じにトニックの分解によるメロディ。サブドミナント・マイナーにもトニックと同じコード分解的なメロディを付けることで複雑な進行のイメージを作ります。

こういったシンプルなアイディアから生まれた曲が多いのもエリントン・ナンバーの特徴で、前出のジョビンなどもエリントンから学んだ形跡が窺えます。

## ◆エリントン・チェンジ

作曲上のチェンジ（コード進行）で「エリントン・チェンジ」と呼ばれる手法があります。その名の通り、エリントンが愛用したテクニックですが、それを使って、面白い実験をしてみましょう。

エリントン・チェンジにはいくつかの種類がありますが、代表的なものには「トニックがリディアンの時に、IIm7がII7に変化する」というものがあります。例えば、IIm7－V7をII7－II7－IIm7－V7と変化させ、さらにテンションによるクリシェを足して、II7(13)－II7（♭13)－IIm7/V－V7♭9というように置き換えます。

このエリントン・チェンジを「Autumn Leaves」に当てはめてみます。「Autumn Leaves」は次のようなコード進行です。

**「Autumn Leaves」**

|Cm7|F7|B♭maj7|E♭maj7|Am7♭5|D7♭9|Gm|(G7)||

ここにエリントン・チェンジを当てはめると、「Prelude To A Kiss」になってしまうのです。これぞエリントン・マジック！

**「Prelude To A kiss」**

|C13 C♭13|Cm7/F F7♭9|B♭maj7|E♭maj7|A13 A7♭13|Am7/D D7♭9|Gm|(G7)||

エリントン・チェンジの実験その2です。先ほどの「Take The A Train」の冒頭の8小節のチェンジを、違う解釈にします。それは、[A]3、4小節目のII7をV7に進行しやすいようにII7♭9と解釈するもので、これはIII♭dimに置き換えることができます。

すると、IIIm7－♭IIIdim－IIm7－V7の循環コードであることが判明します。アントニオ・カルロス・ジョビンはエリントンのこういうところからヒントをもらっています（か

つての自身の著書でも語っていました)。この進行は、「Corcovado」「How Insensitive」「Wave」などに応用されています。こういった作曲法を見ても、ジョビンは完全にエリントン派といえますね。

**「Corcovado」**

Am6 – A♭dim – Gm – C7 – Fdim – Fmaj7 ～

☆Key in Cの曲であるけど、サブドミナントのFのキーからみたIIm7から始めている。

**「How Insensitive」**

Dm7 – D♭dim – Cm7 – F7♭9 – Bm7♭13 ～

☆Dmの曲であるけど、サブドミナント・マイナーの代理B♭からみてIIm7となるDmがトニック・マイナーであることを上手く使用している。

**「Wave」**

Dmaj7(=Bm7) – B♭dim – Am7 – D7 – Gmaj7 – Gm6 – F♯13 – F♯♭13 – B9 – B7♭9 – E7 – Em7 – A7 – Dm7 – G7 – Dm7 – G7

☆F♯13からB7♭9のところがエリントン・チェンジになっている。冒頭の5小節目までは、トニックの代理のVIm7がサブドミナントのGから見てIIIm7になるので、そこからの循環コードになるよう作られている。

かなり音楽理論的な内容になりましたが、聴いた印象で分析できる点にも触れておきましょう。

エリントンの作曲についていえることは、曲がシンプルである時は、ミニマム（最小限）であるというほど少ない音数でできていて、構成がはっきりしています。逆に、調性が妖しく、ふわっとした浮遊感のあるサウンドはストレイホーンの曲の特徴です。「Lush Life」「Chelsea Bridge」「A Flower Is Lovesome Thing」などがそれにあたります。

## ◆オーケストラ・アレンジの特徴

エリントン・オーケストラの演奏を聴いていると、時代ごとに違った特徴はあるものの、共通項が見付かります。ヘヴィ・スウィンガーであること。アレンジの自由さとフリーなスペースがあること。調的な印象が危ういときや、アヴァンギャルドにアグレッシヴに演奏している時は、まるでウェイン・ショーターの楽曲のように感じられるほど、印象派的であること。

このアグレッシヴさという点では、ホーン・セクションのアレンジにも秘密があります。前述の通り、時代的にもエリントンはクラシックの印象派の影響を受けています。例えばブラス・セクションは4度や5度で構成され、攻撃的でシャープなハーモニーであり、それが平行移動したりします。これは印象派的な作曲の特徴でもあります。後世のジャズ用語でいえば「モード的」です。それに対してリードのセクションは3度音程を中心とした、通常の「ハーモニック」な和音の上に成り立っていたりもします。これをピアノだけでやると、一時期のハービー・ハンコックみたいになります。つまり、右手がモード的、左手がハーモニックという構成です。

それから「Rockin' In Rhythm」のようにサイクル・オブ5th（注4）のストロングな効果も特徴のひとつです。

こういったオーケストラ・アレンジメントの面では、オリヴァー・ネルソンやギル・エヴァンスがエリントン派です。ギタリストの僕は、ウェス・モンゴメリーのアルバムでのオリヴァー・ネルソン、ケニー・バレルのアルバムでのギル・エヴァンスなどに、エリントン的なアレンジを見出しています。

## ◆スウィング時代の各バンドの特徴

音楽そのものは文章ではなかなか伝えにくいものです。まずエリントンのスウィング時代の様子を知るために、CDやYouTubeなどでいろいろと聴いてみましょう。それからスウィングの時代背景やその雰囲気を味わうなら、エリントンは直接出てきませんが、映画『ベニー・グッドマン物語』を観てみると良いでしょう。出演者もホンモノのジャズ・ミュージシャンだし、映画として面白いかどうかは評価が分かれるかもしれないけど、当時を知るための資料としては貴重です。対して『グレン・ミラー物語』はラブ・ストーリーになっているので物語としては面白いですが、史実から見るとかなりアレンジがされているようですね。あとは、ミュージカルの『Sophisticated Ladies』が直球でエリントンの物語です。

ジャズは「アトモスフェア」、つまり空気感を味わう音楽でもあります。まず雰囲気をキャッチすることです。今では市販の譜面も豊富で曲を採譜する手間がかからないから、音楽を聴かずに演奏から入ってしまうことも多いでしょう。しかし、それは自分の身体がジャズ化してからの話。ジャズを身体に染み込ませるには、まずはジャズそのものを好きになり、そして染み込ませる時間が必要です。できるならヘッドフォンではなく、空気で伝

わった音楽を身体で聴いてください。
ここでスウィング時代の代表的なバンドを簡単に紹介しましょう。

◎デューク・エリントン
エリントン楽団はヘヴィ・スウィング、ブギウギなど、ダンスにも直結しやすい要素を持ち、印象派な現代音楽的エッセンスやアグレッシヴなサウンドを放ち、アヴァンギャルドな雰囲気やエンタテインメントとしてのパフォーマンスにも特徴があります。コンボの時代へ引き継がれていく名曲群も山ほどありますね。

◎カウント・ベイシー
ベイシー楽団は何といっても、おしゃれでハイセンスでスウィンギーなベイシー自身のピアノが特徴です。この時代のピアニストはストライド奏法（後述）が基本だったけど、そういう時代の中にあって、ベイシーはストライドではなく、モダンなスタイルへの橋渡しとなる演奏法を確立しました。

ジョー・ジョーンズ（パパ・ジョー・ジョーンズ）(ds) とフレディ・グリーン (g) は、ジャズを代表するスウィング・サウンドを作っています。

ホーン・セクションも、エリントン・サウンドよりも伝統的なジャズの特徴を活かした

3度音程なテトラド（4声和音）を多用し、その「ハーモニック」なセンスがビバップに直結しています。

◎ベニー・グッドマン

ベニー・グッドマン（cl）の楽団はテディ・ウィルソン（p）というストライドの名手をパートナーに持ち、当時人気絶頂であったジーン・クルーパ（ds）を擁し、さらにライオネル・ハンプトン（vib）にチャーリー・クリスチャン（g）という夢のような大スターたちを配下に揃えた、ヘヴィ・デューティなダンサブル・ジャズを演奏するバンドでした。

カーネギー財団による初めてのクラシック以外のコンサートを、カーネギー・ホールでこれまた初めて行なったジャズ・バンドであり、これがアメリカのハイソサエティにジャズが初めて受け入れられた瞬間でもあります。

◎グレン・ミラー

グレン・ミラーはとにかくヒット・メロディの多い人、斬新なアレンジャーでもあります。サックス・セクションを初めて5人にしたアレンジは、当時は「天井が落ちてきてしまう」とまでいわれたサウンド。よく知られている曲の核が普通のブルースだったりして、シンプルな素材を大胆に発展させられるハーモニーとアレンジは、本当に独自のサウ

ンドを持っていました。現代でいえば、パット・メセニー・グループを思わせる感じがあると、僕は思います。

第二次大戦中に志願兵となり、大尉として軍のバンドを率い演奏した「St. Louis Blues」のエピソード（注5）は有名ですね。戦中に飛行機でフランスに向かう途中で行方不明になってしまいました。

## ◆モンクもオーネットもエリントン派

さて、スウィング時代の雰囲気を感じてもらったところで、話をエリントンに戻しましょう。今度はパフォーマーとしてのエリントンの話です。エリントン独特のアヴァンギャルドな雰囲気は当時のクラシックが持っていた抽象表現主義な雰囲気ともマッチングするし、その時代の最先端でした。こんなにアヴァンギャルドなのに売れ筋に乗ったのは、やはりパフォーマーとしての面白さも大きな要素でした。ジャズがダンス・ミュージックとして存在していた時代だからね。

エリントンのスタイルや音楽性をストレートに継承するプレイヤーとして意外性のあるアーティストには、セロニアス・モンク（p)、バド・パウエル（p)、チャールズ・ミンガス（b)、さらにはオーネット・コールマン（ts）やエリック・ドルフィー（as, flute, bcl)、フリーの集団アート・アンサンブル・オブ・シカゴなどがあがります。日本では特にそうですが、これらのミュージシャンはメインストリームではなくフリー・ジャズだったり、その時代の新しい音楽だったりに分類されている場合が多いですね。それも当然だけど、エリントンの影響を受け継ぐ彼らは、アメリカではメインストリーマーでもあるのです。それはパフォーマンスを見ることでも分かります。

演奏中に歩き廻るのはモンクの専売特許みたいに思ってる人も多いと思うけど、この元ネタはエリントン。右手をグルグルと回してスウィンギーな指揮を執る！　かっこいい！　ピアノは常に弾いてなきゃいけないなんてことは全然ないのです。

黒人エンタテインメントの、特にスターによくある話なんだけど、マントのパフォーマンスは知っていますか？　ショーの最後の方でいよいよクライマックスに差しかかり、感極まってアーティストが気を失いかけて、よろける。そこでうしろにいたピアニスト、またはコーラス隊、またはホーン・セクションの誰かが寄ってきて、よろけて沈み込むアーティストに「金のマント」を被せる。そして抱きかかえるようにステージを去っていく……。これは、黒人エンタテインメントではよくある定番の演出です。有名どころでは、ジェイムス・ブラウン、B・B・キング、マイケル・ジャクソン、スティーヴィー・ワンダーなどがやっていました。大昔、日本の紅白でサム・テイラー（ts）もこれをやりましたね。ビヨンセ主演の映画『ドリームガールズ』の中でエディ・マーフィーもこれをやって

いたから、ぜひ観てみてね。このマントのパフォーマンスも、なんとエリントンが元ネタです！

もうひとつ。ソロイストがステージ前に出てきて感極まり、あげく寝転びながらソロを続けていると、ホーン・セクションが降りてきてそいつを丸く囲み、そいつに向って「パーッ!! これでもかっ!!」ってな感じに煽って吹く。これもエリントンのパフォーマンスです。サン・ラとかアート・アンサンブル・オブ・シカゴもやっていたけど、日本でもスマイリー小原のバンドや、コメディアンのクレージーキャッツなどが取り入れていました。ビッグ・バンドはいろいろとエリントンの影響があるのです。

でも、なんてったって「よろけて金のマント」が一番だぜ!!

## ◆スウィング時代のピアノ・スタイル

エリントンはピアニストでもあったので、スウィング時代のピアノについても少し考察してみましょう。

エリントンやベイシーを代表とするスウィング・ジャズの時代のフル・バンドは、その名の通り「フル」なサウンドをしています。つまりハーモニーに必要な要素はほとんど管楽器隊が担っていました。だから、モダン・ジャズ以降のピアノのように、ピアノでそれほど深く弾かなくてもハーモニーは充実しているため、ピアノは弾きっぱなしじゃなくても良いし、よりシンプルだったのです。

中高域の多いビッグ・バンドのサウンドを考えれば、そこにない低域をアクセントに使用するエリントンやベイシーの弾き方も理解できます。エリントンのピアノ・スタイルはメロディアスで、当時としては音域の広さも華麗だけど、それでもモダン・ジャズ以降のピアニストに比べるとシンプルです。

当時のジャズ・ピアノの主流的スタイルは、前述したようにストライド奏法でした。左手は1拍3拍でベースを打ち、2拍4拍でコードを弾きます。右手はインターヴァルの広いアルペジオを有するメロディ・スタイル。テディ・ウィルソン、アート・テイタムなどはこのスタイルの代表選手です。

僕はディック・ハイマン(p)とレコーディングをした時に、含蓄のある説明を受けたことがあります。この話を聞いたのは1994年頃だったけど、彼は当時の数少ないストライド・ヴァーチュオーゾであり、代名詞でもありました。モダン・ジャズ以降のピアニストは、左手でコードを弾き、右手でメロディ、またはハーモナイズド・メロディを弾くことが一般的だけど、スウィング時代にこれは普通のことではありませんでした。カウント・ベイシー楽団とベイシー本人のピアノ・スタイルがとてもハーモニックで、フレディ・グリーンのリズム・ギターもハーモニック。このサウンドが、現在のジャズの主流に繋が

っているというのです。確かに、モダン・ジャズ・ピアノのスタイルは、フル・バンドをミニサイズにしたようなものです。

このように見ていくと、セロニアス・モンクやチャールズ・ミンガス（Impulseの『Mingus Plays Piano』ではピアニストだ）のソロ・ピアノの在り方は、カウント・ベイシーというよりは、エリントンの流れを汲んでいることが感じられます。ちょっといい方が変かな。「流れを汲む」というと評論家的だけど、「大好きで大きく影響を受けた」という素直な捉え方の方が音楽を分かりやすくしますね。武道の流派じゃないんだからね。

## ◆メインストリームとストレートアヘッド

エリントンの功績が分かると、アメリカでのジャズのメインストリーム（主流派）とストレートアヘッドという言葉の意味も見えてきます。

エリントンは、オーネット・コールマンらのアヴァンギャルドな表現の源流でもあるし、そのアヴァンギャルドさとパフォーマンスとのミックス路線では、アート・アンサンブル・オブ・シカゴ、サン・ラ、マイク・マントラー（tp）にまで大きな影響を与えているのは書いてきた通りです。

エリントンがアメリカのジャズの主流だとすると、多くのエリントン派、つまりモンクやオーネットもメインストリームということになります。でも実際はエリントンの流れを汲むかどうかは別として、オーソドックスな演奏がより主流とされ、モンクやオーネットは超個性派であることが優先されます。まあ、これは当たり前ですよね。こういう評論的な「流れ」は時代とともに表現されてきた作品や演奏全般的な問題ですから。でも、個人の表現はどこまでも個人。僕たち表現者からすると、あまりカテゴライズを厳密にやってしまうと、感覚的に捉えてもらえなくなってしまうのではないかと思ってしまいます。表現者もリスナーも感覚的に捉えよう！　評論や音楽論（美術論）は偉大なる参考であるけど、音楽を聴くのはあなたですから。

「ストレートアヘッド」とは、よりオーソドックスで伝統的なスタイルを持ったジャズの主流派的スタイルという意味ですが、これは例えばフュージョンやコンテンポラリーなどのジャンルと対比として使われます。だから、現在ではメインストリームとストレートアヘッドは同じ意味ともいえますし、ストレートアヘッドはビバップとほぼ同義語としても使われたりします。若いプレイヤーが、全然ビバップ的な演奏ではないのに、「自分はバッピー（バップっぽい）だから」といっているのに驚いたことがあるけど、要するにトラディショナル＝ビバップというのが、若い世代の感覚のようです。

ストレートアヘッドといういい方がされるようになったのは、フュージョン全盛期の1980年代中頃からで、それまではメインストリームとしかいいませんでした。だけ

ど、メインストリームは単に古いジャズを指す言葉ではありません。1950年代のようにその時代の流行で先端だったものがメインストリームと呼ばれていました。1960年代後期のブルーノート・レーベルやモードなどのサウンドは新主流派（New Mainstream とか More Mainstream）と呼ばれていました。

ちなみに、アメリカと日本の現在のカテゴライズの違いもあります。アメリカで「コンテンポラリー」というと、日本でいうところのフュージョンを指します。現在進行的なラジカルな演奏や、現代楽曲的な主流派的演奏も、どちらかというと普通に「Jazz」と呼ばれ、ストレートアヘッドに分類されます。

スウィングの時代には、現代と同じようなコンボ・スタイルの小編成での演奏も行なわれるようになりました。それがビバップに発展していくわけですが、次の章ではその辺りを見てみましょう。

**注1**：スミソニアン博物館……アメリカを代表する科学、産業、技術、芸術、自然史の博物館群・教育研究機関複合体の呼び名。多くはワシントンDCの中心部にあるナショナル・モールに設けられているが、NY市、バージニア州、アリゾナ州、メリーランド州の他、海外に置かれたものも含まれる。収集物は一億四千二百万点にも及ぶ。イギリス人の科学者ジェームズ・スミソンが〝知識の向上と普及

に〟と委託した遺産を基金として、1848年に作られた。無料で一般公開されている。

注2：『Jazz：The Smithsonian Anthology』……ジャズの歴史を解説した200ページに及ぶ本と、ルイ・アームストロングなどジャズ創成期から、マイケル・ブレッカーやウィントン・マルサリスなどの現代のジャズまで、その歴史を追った6枚組CDのボックス・セット（2001年リリース）。

注3：ジェリー・ロール・モートン（1890年〜1941年）……アメリカのルイジアナ州ニューオリンズ出身のピアニスト、バンドリーダー、作曲家。彼のバンド、レッド・ホット・ペッパーズはルイ・アームストロングのホット・ファイヴ&ホット・セヴンと比肩されるジャズ史初期の重要なレコーディング・バンドであった。スウィング時代の人気曲「King Porter Stomp」はモートンが作曲したもの。

注4：サイクル・オブ5th（5度圏）……12キー（調）の中から任意のキーを選び出し、それを出発点にして時計回りに完全5度の関係にあるキーを順番に配列していくと、12キーからなる円を作ることができる。このことから5度上、または4度下へのコード進行が連続するときにその表現として使うことがある。

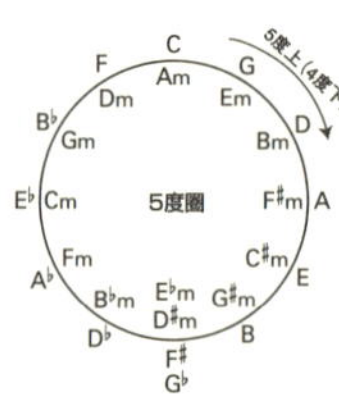


注5：「St. Louis Blues」のエピソード……映画『グレン・ミラー物語』の中のワンシーン。空軍に入隊したグレン・ミラーは、退屈なマーチばかりの軍隊生活にうんざりし、「軍の中でも自分の楽団を持ちたい」と思い始める。そんなある日、将軍を迎えての観兵式の行進中に、突如行進を横切って、楽団の前へ出たグレンが「St. Louis Blues」を演奏する。直属の上官からは「隊の恥だ！」と大目玉だが、将軍に

は大好評。これがきっかけで軍隊内でグレン・ミラー楽団が編成される。

◀セントラルパークのタバーン・オン・ザ・グリーンで穐吉敏子氏のバンドに客演する著者。1993年。この模様はNHKで放映された。

▶左から著者、ダニー・ゴットリーブ、マーク・イーガン。1996年、大阪のロイヤルホースにて。

第2章

# ビバップの時代

## ◆コンボ・スタイルの誕生

現在のジャズは、小編成のバンド=コンボ・スタイルが主流です。モダン・ジャズに繋がるコンボ・スタイルが生まれたのはスウィングの時代でした。

当時はジャズ・バンドといえば大所帯のビッグ・バンドが一般的でした。このビッグ・バンドのリズム・セクション、つまりピアノ、ギター、ベース、ドラムスだけがリハーサルの前後に集まり練習するところから、ピアノ・トリオ(またはカルテット)+メロディ・プレイヤーである管楽器という、コンボ・スタイルのバンドが発生しています。

スウィング時代のリズムの名手といえば、カウント・ベイシー楽団のギタリスト、フレディ・グリーンの名前は外せません。ベイシーのサウンドの要といえるこのスウィング感は多くのバンドに、そしてギター・プレイヤーたちに大きな影響を与え続けています。当時はまだマイクの設備が普及しておらず、ピエゾ(注1)が一般化するのは1970年代末ですから、当然アンプリファイ(音の増幅)もされていなくて音量は足りない感じではあったろうと思います。

ドラムス、ベース、ピアノ、ギターというのがベイシー楽団に倣った基本的なリズム・セクションですが、エリントン楽団やエリントン派のビッグ・バンドではギターなしのピアノ・トリオが多く見られます。ギターのリズム・コンピングはスウィング感を増幅させることはできますが、グリッド感（小節を縦に切る感じ）があるし、ベイシー・バンドほどのレベルに達していない場合はスウィング・スタイルを模すだけの「パッケージ」に納まりがちなので、自由度を高くしたいビッグ・バンドにはギターがいないことも多かったのです。

コンボ・スタイルが盛んになってくると、カウント・ベイシー楽団やベニー・グッドマン楽団でも、ビッグ・バンドの幕間にコンボの演奏が披露されるようになりました。この時代、有名バンドでコンボをやらなかったのはエリントンくらいのものです（のちに、エリントン自身がレジェンダリーなプレイヤーとともにコンボによるアルバムを幾つか発表しています）。

コンボ・スタイルに目を付けたのが興行主で、ビッグ・バンドよりも低予算で客を呼べるので、ビッグ・バンド所属のコンボが、単独で演奏するようになっていきました。それが今でいう「中間派」と呼ばれる形態です。この中間派に関しては、のちの第5章でまた触れます。

ビッグ・バンドの時代では、アンサンブルは全て譜面に書かれたものとなり、ソフィスティケイトされました。だけど、アドリブとなると個人の力量の差が大きくなってしまいます。アンサンブルが発達した反面、それに見劣りしない突出したソロ（アドリブ）を取れるプレイヤーは多くはなかったのです。そんな中、レスター・ヤングやコールマン・ホーキンスなどのトップ・プレイヤーは素晴らしいソロを残していますね。

こうしてコンボという形態が生まれたことで、ビッグ・バンドではできない曲調にもチャレンジできるようになりました。ビッグ・バンドはよりダンス・ミュージック的だから、踊れるようにアレンジする傾向が強かったけど、コンボならばその制限はありません。その結果、リズムが複雑化したり、より遅いテンポ、より速いテンポへとリズムの幅が拡張したり、ピアノが弾くコードが複雑になったりしてきました。英語ではコンプレックス(Complex＝複雑)なハーモニーといいますね！ ビッグ・バンドでは管楽器のアンサンブルが充分なハーモニーを持っているので、コンプレックスなコードを使う必要はそれほどないのです。だけど、コンボだったら、ピアニストが10本の指で押さえられるコードなら、何でも取り入れることができたのです。

そんな中から、１９４０年代になるとビバップと呼ばれるムーヴメントが生まれます。

## ◆ビバップの語源

20世紀の初頭から半ばまで、アメリカのポピュラー・ミュージックのメインはジャズでした。というか、ジャズがポピュラー・ミュージックであったというべきでしょう。何しろ、1950年代にジャズから飛び出た形でロックン・ロールができるまでは、イーヴンなビート（スウィングしないビート）の音楽はまだ存在していないですし、R&B（のちのソウルも含めて）もロックと同じくらいの時期に、ジャズの影響下で成立したものです。ブルースは20世紀初頭からありましたが、まだみんなが聴くようなポピュラリティを持った音楽ではありませんでした。

「ソウル・ミュージック」というと黒人向けのポップス全般を指すことがありますが、ジャンルとしてのソウルはドゥーワップの流れを汲む音楽です。Doo-wopはコーラス音楽であり、ブラック・ミュージックとしては1950年代から1960年代中期まで特に人気を博した音楽です。曲の最後に「ドゥワ〜〜〜」というコーラスが入るといえば想像できるのではないでしょうか。実際には「ドゥワ〜〜」のあとに小さい「ップ」という子音が入って、ドゥーワップになります。このようにDoo-wopは歌詞以外のスキャット音から取った名称ですね。

「ビバップ（＝Be-bop）」というのも、このドゥーワップと同じような語源です。僕が7年間もお世話になった偉大なドラマーのジョー・ジョーンズJr.は、僕にスウィング・スキャットの基本を教えてくれましたが、その時「Di bop, Di bop, Diba Dibop!!」という感じでジャズのフレーズを歌ってました。伝統的なスタイルのジャズマンは今でもこんな感じです。僕も練習したよ！　ディジー・ガレスピーをはじめとするビバップ創始者たちのそうしたサウンドが、白人には「Be-bop」という感じに聴こえたようですね。でもガレスピー自身は1945年にそのものズバリ「Be-Bop」という曲を作ってるので、出所はやっぱりガレスピーなのかな……？

エルヴィス・プレスリーの映画や歌の影響だと思うけど、「ビバップ◯◯」のような曲や、フレーズ、カフェの名前などがよくあります。そのため、ビバップはロックン・ロールの一部であるとか、50'sな雰囲気のことだと世間に誤解されてしまいました。これは50'sをテーマにしたカフェなどでは定番な名称で、そこではプレスリーが「ビバッパル〜ラ」と歌う曲（注2）や、ドゥーワップがかかっているわけですね。

僕を指導してくれた大御所プレイヤーたちによると、「ビバップは白人語だから、俺たちは使わない。でも、Di bop Di bop dibado-woopとスキャットを練習すれば、スウィング感を身に付けられるぜ」ということです。当時、ビバップという名称は、黒人の真のバッパーには少し抵抗があったようです。

### ◆ビバップの方法論

さて、ビバップの音楽的な特徴について見てみましょう。これはいろいろな本で書かれていることだけど、解決するコード進行、つまりドミナント・モーションをツー・ファイ

●譜面1

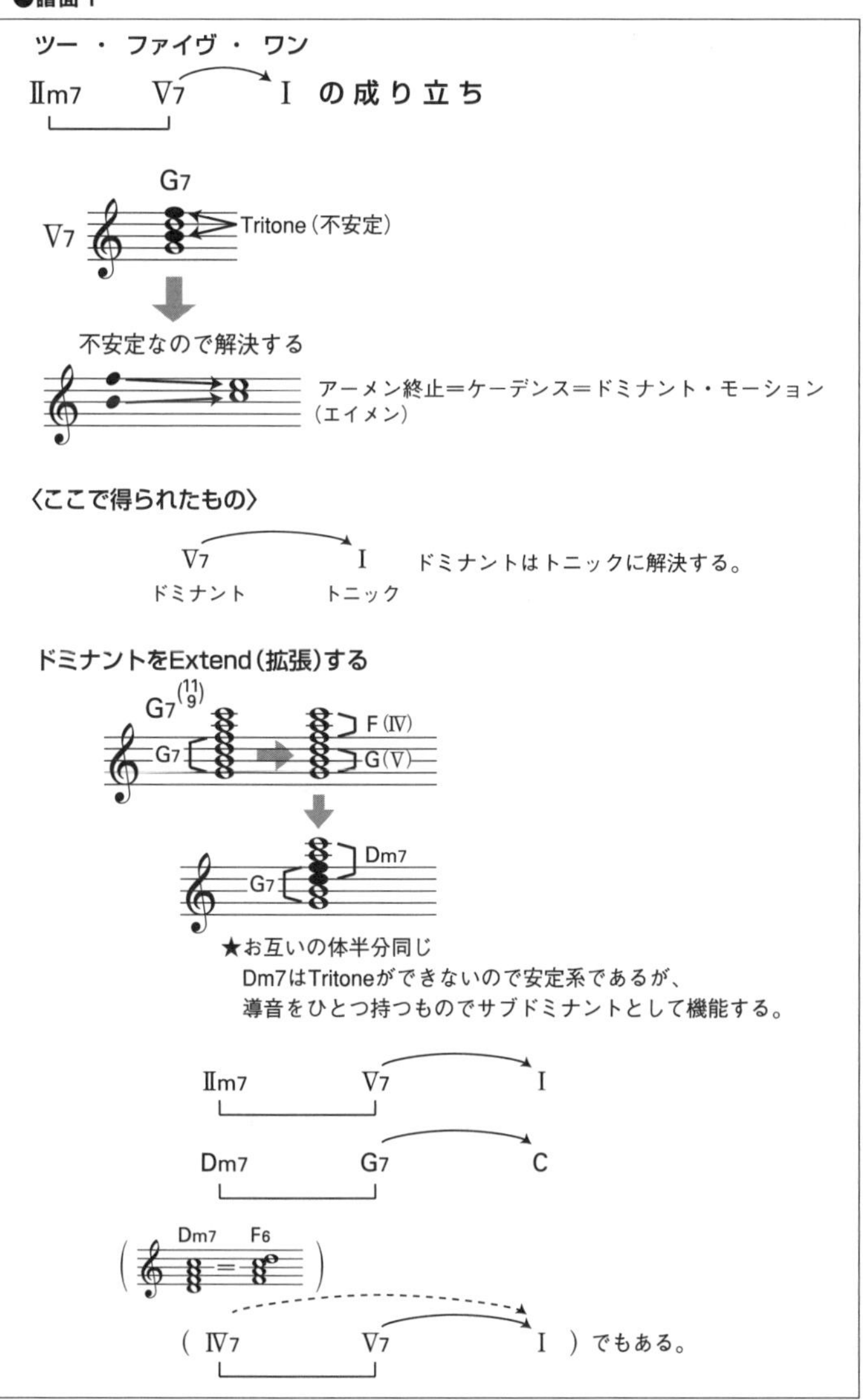
ツー・ファイヴ・ワン
Ⅱm7 Ⅴ7 Ⅰ の成り立ち
G7
Ⅴ7
Tritone（不安定）
不安定なので解決する
アーメン終止＝ケーデンス＝ドミナント・モーション
（エイメン）
〈ここで得られたもの〉
Ⅴ7 Ⅰ ドミナントはトニックに解決する。
ドミナント トニック
ドミナントをExtend（拡張）する
G7(11 9)
G7
F（Ⅳ）
G（Ⅴ）
Dm7
G7
★お互いの体半分同じ
Dm7はTritoneができないので安定系であるが、
導音をひとつ持つものでサブドミナントとして機能する。
Ⅱm7 Ⅴ7 Ⅰ
Dm7 G7 C
Dm7 F6
（ Ⅳ7 Ⅴ7 Ⅰ ）でもある。

ヴ（II－V）に細分化するようになりました。ツー・ファイヴというのは譜面1の通り、キーの2番目の和音（IIm7）と5番目の和音（V7）とを繋げることです。そして、V7から主和音であるIのコードに進行することをドミナント・モーションと呼びます。あんまり詳しく説明すると理論書みたいになっちゃうから、簡単な解説に留めておきましょう。

ビバップより前の時代のアドリブでは、コード・トーン（コードの構成音）を中心にしていて、ノン・コード・トーン（コード・トーン以外の音）の使い方は人によって様々でした。だから、その人の人種、ナショナリティ、自己の音楽的なエレメント（ルーツ）によって、アドリブが全く違う印象になりやすく、個性的でもありました。

それに対して音楽的に進化したビバップの時代には、解決の進行がツー・ファイヴ化されたために、IIm7ではドリアン・スケール、V7ではミクソリディアン・スケールやオルタード・ドミナント7thスケール、IIIm7ならフリジアン・スケール……といった具合に、コードの度数、つまりコードの機能ですが、それによってスケールを決定する方法論が生まれました。ビバップの先駆者たちを分析した結果として、理論化されたわけです。これが「アヴェイラブル・ノート・スケール」と呼ばれる方法論です。

アヴェイラブルっていうのは「役に立つ＝サウンドに合ってる」ということだから、このコードにはこのスケールを使用する、というように公式化して、スケール選択によって比較的自然なサウンドを誰でも得られるようにしたわけですね。ただ、これはあくまで当時の学習者向けとして作られたもの。当のチャーリー・パーカーの演奏を採譜してみると、そんなにガチガチに音楽理論でできてるようなプレイはしていないのです。

ビバップの時代のリアルタイムな視点で考えれば、まだ理論が今のように確立した感じにはなっていないので、ミュージシャンは音ありきで考えていたわけです。その後の時代になると、「使えるスケール」が固まったため、それが「正解」だと考える人が多くなりました。このため、パーカーが理論的な演奏に終始していると誤解する人も出てくるようになりました。

パーカーの音楽が理論的にどうこうというよりは、素晴らしい感性と感覚でアドリブできているからこそ、当時のミュージシャンが一目を置いて、ムーヴメントの中心に立つことができたともいえます。前出の『ベニー・グッドマン物語』でも、グッドマンが「パーカーがいるから俺もセッションしに行かないといけない」というシーンがあります。理論的な音楽だったら、ある意味では誰でもできるようになるんだから、そうじゃない部分の方がミュージシャンにとっては大事だったりするんですね。

## ◆同時多発したビバップ

これも誤解が多いところですが、チャーリー・パーカーやディジー・ガレスピーだけが独力でビバップを開発して、それが真似されてミュージシャンの間に広がっていった、とは簡単にいえるわけではありません。「画期的な発見や発明があったら、同時期に同じことを考えていた人が世界に100人いる」と、湯川秀樹博士はじめ天才を論ずる学者がいっています。運に左右されて第一人者として認められなくても、ビバップ的なことをやっていた人は、チャーリー・パーカーとほとんど同時代にたくさんいたのです（だからといってパーカーがラッキーだったというわけではなく、やはり突出した実力に他なりませんが……）。

例えば、パーカーより4歳年下のソニー・スティットは、最初はアルト・サックスを吹いていました。しかし、どこに行っても彼のスタイルはパーカーのスタイルと似ているといわれるので、テナー・サックス中心の活動に方向転換し（アルトも吹いていた）、大きな成功を収めています。だけど、年代的にいっても、パーカーを分析して学んだのではなく、独自に身に付けたスタイルがパーカーと共通していたのだと思います。

これは僕も含めて音楽について書く時には気を付けなければならないけど、ミュージシャンたちはレコーディングの時以外にも毎日演奏をしているし、互いの交流も盛んです。レコードを元にした評論や歴史は、レコードからレコードへという「点」を結んでいく観察になりやすいけど、実際はレコーディングしていない時間の方がずっと長いのです。残されたレコードだけに固執してしまうと、ミュージシャンの日常的な研究、練習、創作、それに生活という「線」を忘れてしまいがちです。録音物には残ってなくても、パーカーとは直接関係ないところで、きっとビバップ的なジャズをプレイしていた人はたくさんいたと思います。この頃は、時代の空気がビバップ的なものを指向していた、といえるでしょう。

## ◆ビバップはジャズの伝統を破壊したか？

エリントンやベイシーなど、多くのスウィング時代のバンドが緻密に築き上げてきたハーモニーを素地に、パーカーやディジーが新しいチャレンジをし、新しい音楽を作り、「話題のかっこいい音楽」となりました。いつの時代も新しいものはすんなり受け入れられず苦労すると思います。彼らがジャズの伝統を破壊したと誤解していた人も多くいるようです。スウィングに代わって、ビバップという別種のジャズが流行したという、よくあるストーリーのためでしょう。

そうではなくて、ビバップの時代にはエリントンから受け継がれてきたものが充分生きているし、ミュージシャンの感性を中心にしてアドリブが組み立てられていました。また、スウィングとビバップの間の時代である「中間派」に分類される人のアドリブでも、ビバップとほとんど変わらないような演奏をしていることも既にありました。ミュージシャンのプレイはどの時代でも自由で、つまり、ビバップとそれ以前のアドリブは、はっきりと区別できるほどの大きな違いはなかったのです。ポスト・ビバップな1960年代に入ってから、音楽理論（ジャズ理論と呼ばれていた）があまりにアカデミックな方向に進んでしまったため、「この度数のコードにはこのスケールが正解！」というアヴェイラブル・ノート・スケール理論が常識的になってしまったのです。

音使い以外にリズムの面でもそれがいえます。教科書的には、ビバップは8分音符の連続的メロディを中心に組み立てるものと知られていますが、パーカー本人の演奏を聴けば8分音符の連続なんてそれほど多く吹いていません。休符に秘密ありで、生き物のようにウネウネと動く不定形のフレージング、言語のようなフレージングが特徴なのです。

もちろん、この理論があるためにジャズのアドリブへの門戸が開かれたわけで、その中からのちの世を担うジャズマンが現れてきたわけだから良い面もあるし、理論的な練習を悪くいうつもりはありませんが、このビバップ時代にアドリブの「常識」ができ上がったのは事実です。

## ◆自由なテンポによる音楽表現の広がり

ビバップの時代に生まれたジャズ史上の重要な事件は、今まであまり触れられていませんが、曲のテンポの幅が広がったことです。スウィングはダンス・ミュージックだから、どんなに遅くても「ウォーキング・バラード」と呼ばれるくらいのテンポでした。グレン・ミラーの「Moonlight Serenade」の標準的なテンポを思い浮かべてもらえれば分かりやすいけど、それより少し遅いぐらいが最も遅いテンポ。速い方も、振り付けがあるダンスを踊れないくらいのテンポでは演奏しないわけです。つまり、テンポの幅はあまり広くなかったんだよね。

それに対してビバップでは、踊れないほど遅いテンポ、踊れないほど速いテンポのジャズが初めて生まれました。踊りきれないけど、身体を揺すって音楽を楽しむような聴き方も生まれてきたわけです。

そのテンポの広がりをさらに発展させたのがマイルス・デイヴィスです。「My Funny Valentine」のあのテンポ感って……当時の感覚ではありえないくらい遅いバラードなのです。同じくらいのテンポで歌ったチェット・ベーカーが「マイ、ファニ〜」と歌う時、「ファ」の発音が短くて「ニ〜」に入るのが早いですよね。原曲のメロディとは少しだけ長さを変えているわけだけど、そうしないと子音がロング・トーンになってしまって歌いきれないから。元々の作曲として、ここまで遅いアレンジは想定していなかったということも示しているのです。

## ◆マックス・ローチによるドラム・セットの開発

テンポに絡んで、ドラムスに重要な改革があったことも触れておきましょう。ビバップの中心にいたドラマーといえば、ロイ・ヘインズ、アート・ブレイキー、マックス・ローチなどの名前が挙がるけど、特にマックス・ローチの成し遂げた有名な仕事があります。それは、現代的なドラム・セットを完成させたこと。ハイハット・シンバル、スネア・ドラム、バス・ドラム、タムタム、シンバルという構成です。本人としてはビバップの演奏に特化したセットをチョイスしただけだと思うけど、これが全てのポピュラー・ミュージックでの標準スタイルになったんだね。それまでは、ドラム・セットは人によって使っているものがバラバラでした。そもそも、タムタムはラテン・パーカッションから来ているし、スネアはマーチングから来ているので、ルーツが全然違うのです。

スウィングの時代には、スネアだけ別の人が叩いていることもあったと、僕の長年のボスだったドラマー、ジョー・ジョーンズJr.（以下ＪｏＪｏ）から聞いたことがあります。時代背景が分かるので、ＪｏＪｏや、ハーレムのボス的存在だったドラマー、ジーン・ガードナーから聞いた話も書いておきます。ハーレムの小中学校（米国は小中一緒です）のスターといえば、マーチングのスネア・プレイヤーで、最初ジーン・ガードナーはヒーローだったそうです。ところがＪｏＪｏが転校してきてその座を奪われてしまった。しかも、あのカウント・ベイシー楽団のパパ・ジョー・ジョーンズに連れられてきた……。しばらくするとフィラデルフィアから、またもやジョー・ジョーンズという奴が転校してきた。フィラデルフィア（フィリー）から来たジョーだから、フィリー・ジョーだ！　で、ＪｏＪｏもその座をフィリー・ジョーに奪われてしまう。のちにパパを中心に『3人のジョー・ジョーンズ』という自主アルバムをレコーディングしています（ジーンは入りませんでした）。でもみんな仲良しで、僕にも良くしてくれました。特にジーンにはハーレム・ローカルなジャズの在り方をいろいろと教わりました。全員故人です。

さて、マックス・ローチが現代的なドラム・セットを確立させると、その汎用性の高さのせいか、一気にそのスタイルが広まっていきました。のちのロックやソウルなどのポピュラー音楽におけるドラム・セットといえば、この頃のマックス・ローチのものが原型です。

これにより、ビバップのバンドの基本編成が固まります。つまり、ピアノ、ドラムス、ベースのトリオにアルト・サックスが入ったカルテットや、さらにトランペットも入ってのクインテットですね。ヴァイブ（ヴィブラフォン）やギターが加わることもあるので定型フォーマットではないんだけど、基本はこんな感じです。

## ◆スタンダードとジャズ・チューン

ビバップの時代になると、ビバップ・スタイルで演奏しやすい曲が、かなりカジュアルな形で書かれるようになりました。クラシックやミュージカルの作曲家ほど精度が高い曲が書かれることは多くなかったけど、多くのジャズマンが自分たちのために曲を書くようになったのです。

日本では、ジャズで演奏される定番曲は全て「ジャズ・スタンダード」と呼ばれます。だけど、アメリカではミュージカルや映画音楽などが原曲である「スタンダード」と区別して、ジャズマンが作った曲を「ジャズ・チューン」と呼びます。スタンダードのほとんどが歌曲なのに対して（よく歌モノというよね）、ジャズ・チューンはジャズで「演奏するための曲」という違いがあります。というわけで、例えばハーレムなどのジャズ指向が強いバンドはスタンダードをほとんどやらず、ジャズ・チューンのみでレパートリーが構成されていることが多いですね。例えばＮＹ独特のハード・フュージョンの選手たちはジャズ・チューンは知ってるけど、スタンダードはあまり知らないなんてことも当たり前な感じです。

ただ、ジャズ・チューンが積極的に書かれるようになった１９４０年代のビバップ・シーンでも、1910〜1920年代のミュージカル曲はよく演奏されていました。今の視点から見ると、「どうして先進的なミュージシャンが古い曲ばっかり取り上げていたんだろう」と疑問に感じるかもしれません。それにはいくつかの理由があります。

当時は現在と違って、流行歌の息が長かったということが大きな理由のひとつ。そして、1920年代は書かれた曲の数が多かったということも挙げられます。1919年に終わった第一次世界大戦ですが、この大戦によってアメリカではヨーロッパに向けての輸出ルートが拡大しました。連合国を主導したイギリスは憎まれ役になってしまったわけだけど、その結果としてヨーロッパ内では英語でビジネスを展開できる範囲が広くなり、アメリカとしては、文化を輸出することができるようになったのです。アメリカにとってはラッキーな状況ができ上がったともいえますね。そのため作詞・作曲が積極的に行われ、その結果、名曲も数多く生まれたというわけです。

1920年代の楽曲をよく扱った1940〜1950年代のアメリカでは、まだジャズ＝ポップス（流行歌）という認識も強く、シンガーは女優であることも多かったのです。現代の感覚だと「女優さんがジャズを歌っている」と特別なことのように捉えられてしまうことが多いですが、当時の感覚ではポップスを歌っていたわけです。例えば、ドリス・デイはジャズ・バンドをバックに歌っていますが、当時、流行歌を歌う際には、演奏がジャズ・アレンジになるのは当然だっただけで、同時代的にはジャズ・シンガーと捉えられていたわけではありません。

インストゥルメンタルのジャズ・チューンが歌モノくらいヒットするのはベニー・グッドマンが最初で、グレン・ミラーがそれに続いています。グレン・ミラーは他のオーケストラが真似できないほどの、量と質を兼ね備えたオリジナル曲を書いていました。そういう点で「パット・メセニー・グループは現代のグレン・ミラーだな～」と思うことがあります。グレン・ミラーは作編曲がメインで、それを実現するバンドが欲しかったためにオーケストラを作ったといわれています。そういうところもメセニーっぽいですね。

チャーリー・パーカーをはじめ、ビバップの時代のよくある作曲法に、既存のコード進行を基にしてジャズ的なメロディを創作し、付けるというものがあります。このやり方は、グレン・ミラーや、エリントン&ストレイホーンのような専門的な作曲センスを持った人以外でも、曲作りに手を出しやすかったといえるでしょう。例えば、「Bird Of Paradise」=「All The Things You Are」や、「Donna Lee」=「Indiana」など、既存曲のコード進行を基にした曲がたくさんあります。

ちなみに、ジャズ・チューンは古くはディキシーランドの時代から作られていました。「When The Saints Go Marching In（聖者が街にやってくる）」なんかも、ジャズ・チューンといえますよね。ディキシーランドのジャズ・チューンは数多くあったと思うんだけど、文化史的な記録以外でレコードが作られる機会は少ない時代だったから、残っている曲はそれほど多くありません。

## ◆ポスト・ビバップの楽器編成

さて、1940年代にビバップがひとしきり流行すると、1950年代にはビバップのあとを担う「ハード・バップ」や「クール・ジャズ」などの、ポスト・ビバップの時代になります。ポスト・ビバップについては、管楽器を中心に見ていくと理解しやすいでしょう。

アルト・サックスはE♭楽器、テナー・サックスやトランペットはB♭楽器で、得意なキーが違います。E♭楽器とかB♭楽器というのは、ジャズでは知っておくと良い知識です。これは何かというと、アルト・サックスで「C（＝ド）」の音を出すと、それはピアノやギターにとっての「E♭（＝ミ♭）」の音であるということ。そして、テナー・サックスやトランペットで「C」の音を出すと、ピアノやギターにとっての「B♭（＝シ♭）」の音になります。

つまり、このピアノ、ドラム、ベース、アルト・サックス、トランペットというバンド編成で同じ曲を演奏する場合、「C」「E♭」「B♭」という3種類の譜面を用意する必要があります。このようにピアノと譜面上の音が違う楽器のことを、「移調楽器」と呼びます。

時代ごとに流行した楽器編成の面からも、ジャズの歴史を追ってみましょう。

ポスト・ビバップの時代になると、アルト・サックスに替わってテナー・サックスが入ることが多くなりました。テナー・サックスは、トランペットと同じ「B♭」の楽器だから、トランペットと同じ譜面を見ながら演奏ができます。フロントの楽器が同じキーになると、音程的にも音色的にも相性が良くなり、迫力が出ます。同じキーの楽器同士はアンサンブルを作りやすく、ピアノ、ドラム、ベース、トランペット、そしてテナー・サックスというのがハード・バップのスタンダードな編成になりました。

ハード・バップの代表格といえばアート・ブレイキー&ザ・ジャズ・メッセンジャーズだけど、このバンドのサウンド・クリエイターはベニー・ゴルソン（ts）だといっても過言ではありません。ハード・バップ＝ベニー・ゴルソンといっても良いくらいだと、僕は思っています。

テナー・サックスとトランペットの2管は、ハーモニーを作りやすいアンサンブルです。ビッグ・バンドの経験がある人同士ならば、「俺は上に行くから、君は下に行ってくれない？」というような簡単な表現だけで、譜面に書いていなくても、すぐにハモって演奏することができます。多くの場合、ユニゾン、3度（6度）、4度、5度でハーモニーを作ります。アンサンブルによるメロディ・パートはSoli（ソリ）とも呼ばれますね。

既に見てきたように、ビバップ以降のモダン・ジャズではピアノがバンド・サウンドに必要なハーモニーを供給しているので、2管のSoliを入れるだけで、ビッグ・バンドを彷彿させるサウンドを、小編成でも充分再現することができたのです。アンサンブル重視になった分だけ、ポスト・ビバップは、スウィングの時代にちょっとだけ先祖帰りしたともいえるかな。

このポスト・ビバップの時代には、マイルス・デイヴィスのバンドに代表されるように、トランペット、テナー・サックス、アルト・サックスという3管体制のバンドも登場してきます。よりビッグ・バンドに迫るようなアンサンブルの力をさらに手に入れるわけですが、それと引き換えに演奏の自由さは少し失われ、アレンジメントが重視されます。

ビバップ的なカルテットやクインテットだと、曲だけ決めて適当にやっても結構良い感じになりやすいけど（もちろん、グレートな人だけだよ！）、3管ではアレンジが必要です。人数が増えるほど綿密なアレンジが必要になります。そのために、ジャズの世界でもアレンジ能力の高い人が活躍するようになるのです。

でも、この先に続く話を誤解しないように大切なことを書いておきます。プレイヤー、作曲家、アレンジャーの頭の中で聴こえている音を実現するために編成を決めるのであって、編成を先に決めているわけじゃないことを理解しておいてください。形式から入ると、「3管はアレンジが必要だよね、どうやるかな……」などと考えてしまいがちですが、自分の思う音が先にあって、それを実現できる編成を検討し、その結果3管だった、という順序が正しいわけです。

## ◆作曲できるジャズマンの台頭

こうしてポスト・ビバップの時代になると、ベニー・ゴルソンのように、自分たちに合わせた曲を作れるプレイヤーが力を発揮していくことになるのです。ゴルソンはハード・バップの代表曲をたくさん作曲しています。「Whisper Not」「Stable Mates」「Along Came Betty」「Killer Joe」「Blues March」「Five Spot After Dark」などなど、名曲だらけです。

ポスト・ビバップの大きな特徴は、バンドがオリジナル曲を「一から」作るようになったことです。スウィングの時代を見ると、例えばベニー・グッドマンはそれほど多くの曲を書いたわけではないし、当時の流行歌やスタンダードをジャズ・アレンジしてヒットさせることも多かったよね。エリントンは自身のオリジナルも多かったけど、これは右腕の作曲家ビリー・ストレイホーンがいたことによる例外的バンドで、一般的なスウィングのバンドはオリジナル曲ばかりを演奏することはそれほどは多くなかったようです。

ビバップの時代では、昔の流行歌でもあるミュージカル曲を「スタンダード」として演奏する一方、前述したように以前からあった曲のコード進行を利用して新しいテーマ（・メロディ）を付けてオリジナル曲を作るようになりました。だけど、コード進行がそのままだったら完全なオリジナルともいえない部分は残ります。

しかし、ポスト・ビバップのバンドはオリジナルを作ることがさらに増えました。しかも、そのバンドの編成で演奏するのに特化した曲が求められるようにもなります。やっぱり、その方が完成度も高くなるからね。その代表的な作曲家がベニー・ゴルソンなのです。ゴルソンはそれまでのビバップ的なテイストを残しつつも、新鮮なコード進行を数多く創作しました。メロディがシンプルに聴こえるけど、コード進行は代理コードやⅡm7－V7を応用していて、意外と演奏難易度の高い曲が多いのが特徴です。ゴルソンの作曲に注目してジャズ・メッセンジャーズを聴き直してみると、新たな発見があって楽しいと思います。

## ◆熱くならないジャズの誕生

熱く演奏しないジャズというのも、ポスト・ビバップな中から出てきたひとつの傾向ですね。マイルス・デイヴィスの「Bags' Groove」（注3）なんかは、構造を見れば普通のブルースなんだけど、それを全く熱くならずに演奏しています。ビバップまでのジャズでは、こういう曲を冷静に演奏して録音することは、マイルスが参加しているパーカーの音源以外はあまり見当たりません。

この「Bags' Groove」の逸話として、マイルスがセロニアス・モンクに対して「俺のソロでは伴奏を弾かないでくれ」と告げたことで、ふたりの仲が険悪になったという有名な話があります。だけど、それはちょっと違った伝えられ方をしているんじゃないかと僕は思います。バッキングのコンピング（リズム・パターンを持ったコードによる演奏）が少なければ、空間ができ、アドリブの音の選択は自由度が増すし、音数も少なくなるので緊張感を演出できます。その意図を、モンクほどの達人が理解できなかったはずがないよね。当時のふたりを知っているジョー・ジョーンズJr.からも、彼らはその後もずっと尊敬し合っていたと聞いています。

ＮＹのグレートな歴史を知る一部のミュージシャンたちの間の噂では、彼らの独特なミュージシャン言葉のせいで、このやり取りが誤解されて伝わったんじゃないかというのが定説です。

一部の黒人ミュージシャンは、１９５０年代当時のテレビでは全く放送できなかったような言葉を、賞賛の意味で使うことが、今でもあります。例えば良い演奏をした時に、「マザー・◯アッカー」なんていわれたら最高の褒め言葉です。「Bad」も最高の褒め言葉だし、かっこいいという意味でもあります。比較級、最上級は、Bad、Badder、Baddestです（Worse、Worstじゃないのがミソ）。こんな言葉の付いたアルバムを見たことありませんか？　結構ありますよ。

こんな感じでミュージシャン同士がいい合っていたら、「喧嘩しているのかな？」と周りに誤解されても仕方ないですね。たいてい雰囲気で分かるけど、マイルスとモンクじゃね、緊張感が……。ましてや当時は映画でもラジオでも聞けない言葉ですからね。今でもファースト・コール（注4）なジャズ・キャット（注5）の間では、「Your sound's great」というのは「まあまあかな」という感じ。でも「You are bad」だったら「めちゃ良い‼」、「baddest」だったら「最高じゃん！」ということ。それよりさらに褒めているのが「マザー・◯ァッカー！」です。でも、相手がアメリカ人のミュージシャンだからって、こんなことをいったら洒落にならない場面もあるので、絶対にいわないでくださいね！

こういった言葉の元となる、黒人しか使わない符号や訛り、いい回しというのは今でも使われていますし、ミュージシャンは人種に関係なく使います。そもそもの起源は、黒人奴隷の時代や、奴隷解放のあともほとんど奴隷同然に働かされていた頃に遡ります。黒人奴隷の扱いは地域によって様々だけど、過酷な農場主の場合は、労働を終えると牢屋みたいな小屋に閉じ込めて、逃げないように監視を付けることもあったそうです。そんな時、白人たちに意味を悟られずに会話するために、様々な符号が発展して、今でもその文化が緩やかに受け継がれているのです。

さて、同じくマイルスの『Birth Of The Cool』は、1949年〜1950年に録音された複数の音源から成るアルバムですが、「クールなジャズ」の誕生を決定付けました。つまり、熱くならないで淡々と演奏するスタイルは、これまでのジャズとは違い、新しいサウンドとなったのです。盛り上がったら熱く演奏して、観客が楽しくダンスしたり、「イェー！」と叫んだりするのがスウィングする演奏の基準だったわけですから。

クールなジャズはそうではなく、じわっと汗ばむような緊張感や洗練されたハーモニーをサウンドさせます。今のニューヨークのジャズも、クールな方向のものがメインといえるかもしれません。例えば現在のシーンで、テナー・サックスのマーク・ターナーなどは、極端にストイックでクールな演奏をしますよね。これは例を挙げたらきりがありませんね。

## ◆クール↕ファンキー!?

クール・ジャズという言葉が生まれた時代には、クールという単語自体には「カッコ良い、イカス！」という意味がまだありませんでした。「君、クールだよね」といったら、「いつも冷静で熱くならない＝ステキ」という意味だったのです。ちょっと（かなり？）古いけど、ハンフリー・ボガートとか、日本だと眠狂四郎みたいな感じがクールの典型例です。時代が下って1970年代後半には既に「カッコイイ!!」という意味で使われるようになっているよね。今現在ではCool＝Kool＝「かっこいい！」で、かっこよかったら何にでも使います。1990年代後半からの言葉では、「Awesome」がありますね。「怖いほど荘厳」という意味の言葉が、「ソーゴンだぜ（最高だぜ）!!」みたいな感じになるんだよね。

クールの反対方向に近いジャズの在り方としては、「ファンキー」というものがありますね。これはそれこそ、アート・ブレイキー&ザ・ジャズ・メッセンジャーズのように熱く盛り上がるブルージーなタイプで、本来はこちらがジャズの伝統です。ファンキーという言葉の語源的には「クサイ」って感じとか、変な匂い、生臭い、だけど熱くてブルージーでGrooveが強い音楽は「Funky」なのです。今現在の傾向としては、ファンキー系の骨太な感じのジャズマンは多くはないね。

当時の感覚でいう「クール」なジャズの中にはクール・ジャズやおしゃれなウェスト・コースト・サウンド、1950年代後期からのモードなどがありますが、そういった中には誰でも知っているほどヒットした1959年録音のデイヴ・ブルーベックの「Take Five」があります。収録アルバムは『Time Out』ですね。あれが、アメリカ的な感覚でのクールなジャズで、やはり白人ファンや学生、一般社会に広く受け入れられました。

クール・ジャズの台頭によってファンキーなジャズが不人気になったわけじゃないけど、当時を知るミュージシャンによると、1960年代に突入すると（ポップス=ジャズの時代は終わって、新たなポップな音楽やロックができてきた時期）、ポップスのチェンジ（コード進行）の雰囲気も変わってきたので、ベニー・ゴルソンの曲が一時代前のものと評価されることもあったようです。だけど、ゴルソンがどれだけ緻密なサウンドを作っていたかは、今になってからようやくみんなが語るようになりましたね。

## ◆西海岸ジャズの流行

熱いアート・ブレイキー&ザ・ジャズ・メッセンジャーズなどやホレス・シルヴァーに代表されるファンキー・ジャズが席捲する一方、Coolなジャズをクリエイトした音楽家たちを引っ張っていったのはマイルス・デイヴィスです。ギル・エヴァンスと出会い、ともにクール、モードな音楽を作ります。熱くならないジャズ=ハーモニックなアイディアを掘り下げ、緊張感を持つ一方、広がり感やスペースを感じる音楽ができたわけだけど、それがアメリカ全体に、のちに世界にジャズ・ファンを増やす結果に繋がりました。

ハーモニーの深さを求めると、「エリントンへの回帰?」と思うような方向性が出てきました。それは、クラシック音楽の印象派のコンセプトをジャズに取り入れることです。

ビバップは即興的な要素の多いセッション的な音楽であり、個々のミュージシャンがハーモニックで斬新なアイディアを持っていたからこそ複雑な表現ができたわけだけど、まだ現在のようなコンプレックスなハーモニーの深さを追求するに至る時代ではありませんでした。

クールなジャズが生まれたことで、例えばレニー・トリスターノのようにクラシックの現代音楽の素養を持った、アカデミックなジャズ・ミュージシャンが活躍できる下地が生まれました。それが西海岸に飛び火して、曲の可能性を掘り下げようとするウェスト・コースト・ジャズのムーヴメントが起こります。

この頃のウェスト・コースト・ジャズのように流麗なジャズを、イージー・リスニングみたいに捉えてしまう人もいるけど、実はミュージシャンには非常に高い熟練が求められるものです。クラシックでいうと、モーツァルトを演奏するのに似ているところがあると思います。

モーツァルトって、聴き流す分には毒のない、どちらかというと薬になるようで聴きやすい音楽に感じるかもしれないけど、演奏する側にとっては、全ての音を完璧に弾かないと成立しないような、緊張感の高い音楽です。1991年頃に、医師に指導を受けながら、胎児に聴こえやすい周波数帯域を中心にした胎教音楽を制作、プロデュースしたことがあります。制作段階のリサーチと医師のレクチャーの時に分かった意外な結果ですが、モーツァルトのような完成度の高い音楽は母親にも胎児にも多少緊張感を与えてしまいかねない音楽のようです。でも、医学的な結論としては、お母さんの好きな音楽を聴くのが一番良いってことが分かっています。

西海岸スタイルとNYスタイルの比較としては、西海岸は優しく分かりやすい感じがする分、演奏する側には高い技術が要求され、弾き損じるとミスが目立ちます。「ゴミ」のない音楽ともいえるかな？　情報が整理されているということでもあります。一方、NYのサウンドはジャズとしてのアドヴェンチャーがあります。実験的でもあり、戦いのようでもある、かな。

## ◆ポスト・ビバップにおけるピアノ・スタイルの変遷

クール・ジャズと呼ばれる音楽の中にも数多くのスタイルが生まれましたが、実際には「熱くならない」というような共通点でしかありません。マイルス（NY）のクール・ジャズ、西海岸のクール・ジャズ、そしてレニー・トリスターノのクール・ジャズは、一緒くたに「クール」とされていますが、音楽的には相当違います。アートとしての在り方、内容的にも違います。トリスターノに影響を受けたとされるポスト・クールの旗手は何人かいますが、このあたりは皆さん実際に聴いてみてください。聴くと分かります。

トリスターノ的なクールの中でも重要とされるピアノ・プレイヤーがポール・ブレイです。トリスターからの強い影響を受けたジャズ・レジェンドのチャールズ・ミンガス(b)が、ポール・ブレイのイントロデューシング・アルバム（注6）をプロデュースしました。トリスターノ、ミンガスの洗礼を受けたポール・ブレイは、ECM的なサウンドのエレメントにもなるような人ですから、ヨーロッパへの影響も大きかったといえるでしょう。

ヨーロピアン・コンテンポラリー、アヴァンギャルド、フリーへと表現はどんどん自由な方向に向かいます。チック・コリア、パット・メセニー、ジャコ・パストリアスなど、たくさんのアーティストがポール・ブレイの影響を受けたり、共演を遂げています。それから、トリスターノはビル・エヴァンスとも影響し合っていました。ビル・エヴァンスについてはあとでも取り上げますが、彼はモダン・ジャズでのハーモニーやリズムのアイディアとしては究極のものを聴かせてくれます。その素地になるものが、このポスト・ビバップの時代に作られたわけですね。

ビル・エヴァンス登場以前にハーモニックな面で特徴的なピアニストには、レッド・ガーランドが挙げられます。ガーランドはビッグ・バンドをピアノ1台で表現しているともいえるようなサウンドを持っていました。まさにモダン・ジャズ・ピアノのお手本ともいえる演奏です。ちょっと前の世代のバド・パウエルと比較すると、左手の音が1オクターヴ高くなっているのが特徴で、それによって低域を担うベーシストに自由なスペースも与えています。ちなみに、パウエルのプレイを1オクターヴ上げると、今度はウィントン・ケリーになります（これは僕の持論……そんな手品みたいなわけないって!!　雰囲気だよ、雰囲気！）。

「ハーモニック」な印象を与えるガーランドは、3度音程で重なるハーモニーを多用します。これが4度や5度のハーモニーになると、エリントン的な印象にもなります。ちょっと話を先取りしちゃうけど、ビル・エヴァンスになると、「密集配分」と呼ばれる、狭い音

●譜面２

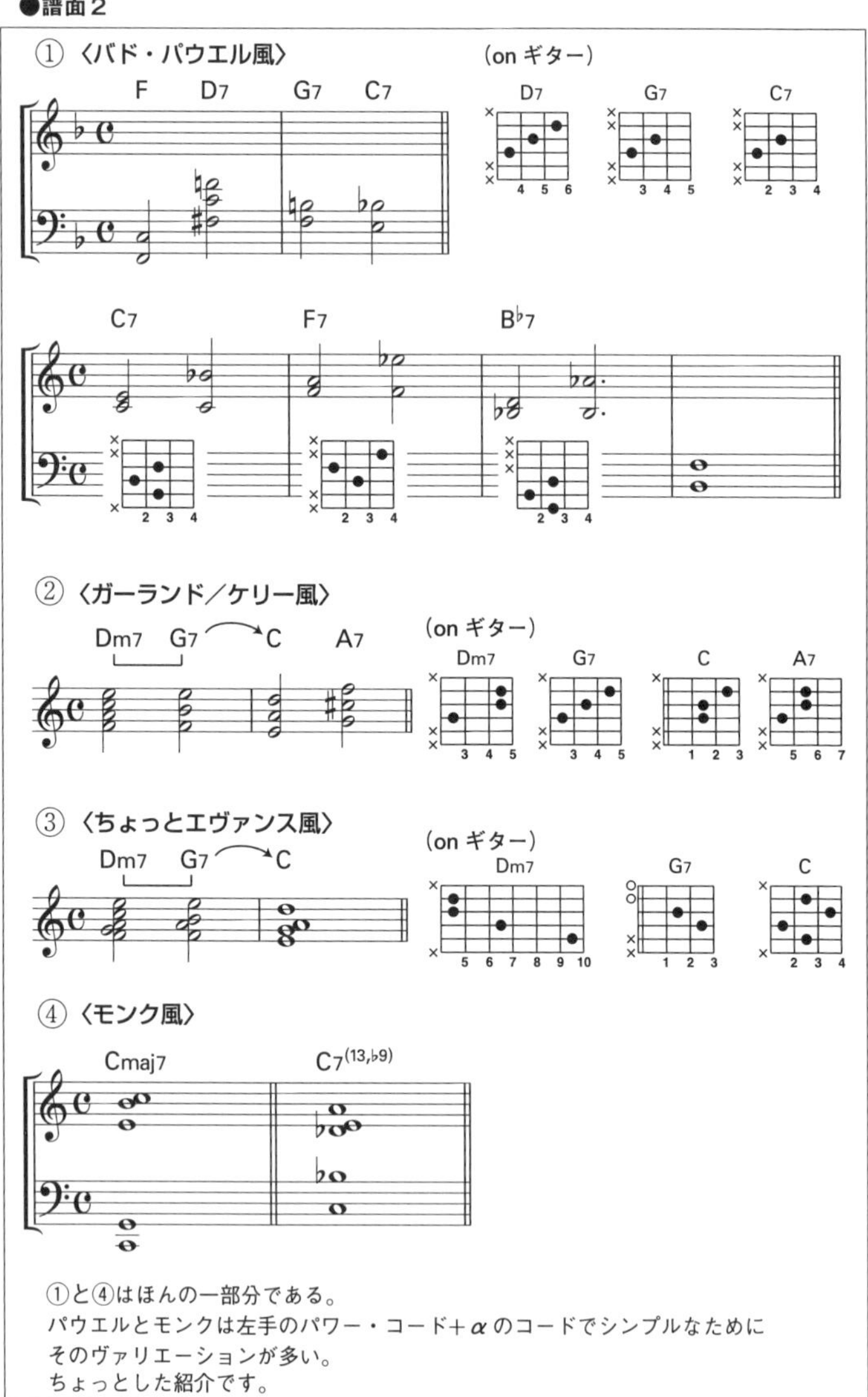


①と④はほんの一部分である。
パウエルとモンクは左手のパワー・コード＋αのコードでシンプルなために
そのヴァリエーションが多い。
ちょっとした紹介です。

域に多くの音を差し込み、音同士をぶつけたハーモニーが多用されるようになり、複雑さ（コンプレックスなハーモニー）を演出しています（譜面2参照）。僕はこれを「中間色を作る作業」だと思ってます。

もちろん、演奏の印象というのはピアニスト本人のタッチも大きく影響するので、エヴァンスのコードが全て複雑かというと、一概にはいえません。ギターのジム・ホールとビル・エヴァンスのデュオ・アルバム『Undercurrent』は、ジャズ史に残る名盤なので、この2人のハーモニーのコンセプトが同じであると思われがちだけど、実際は全然違います。むしろ、音符だけを見たらエヴァンスはオスカー・ピーターソンの方が近いくらいだし、ジム・ホールはハービー・ハンコックと似ています。でも印象としては、つまり感覚的に聴くと、やはりビル・エヴァンスとジム・ホールには音楽性の共通性を感じます。技術とコンセプトは違います。表現こそ全てです。プレイヤーは表現者です。そして皆さんはそれらを聴く時には参考資料に目を通すのはあと回しにして、自分の感性を信じて聴いてください！

## ◆究極のビバップ＝「ジャイアント・ステップス」

曲をツー・ファイヴや代理和音に置き換えて、細分化と変化を求めたビバップの究極の

●譜面3

「Giant Steps」のコード進行

| Bmaj7 D7 | Gmaj7 B♭7 |

| E♭maj7 | Am7 D7 |

| Gmaj7 B♭7 | E♭maj7 F♯7 |

| Bmaj7 | Fm7 B♭7 |

| E♭maj7 | Am7 D7 |

| Gmaj7 | C♯m7 F♯7 |

| Bmaj7 | Fm7 B♭7 |

(𝄐 Fine When It End)

| E♭maj7 | C♯m7 F♯7 ‖

スタイルがジョン・コルトレーンの1959年録音の「Giant Steps」だと思います（譜面3参照）。これはケーデンス（注7）のアナライズを追求したことから生まれたコード進行です。ジャズ史でも特に重要な1曲なので、ここで解説をしておきましょう。

まずは、コードの「置き方」について「Giant Steps」は非常に特徴的です。

一般的な4／4拍子の曲には、「強拍」と「弱拍」があります。日本での理解は重大な誤謬があって、みんな強拍のことをアクセントとして強い拍だと思っています。そうではなく、強拍は和声的に安定していて、弱拍は和声的に不安定であるということです。英語では「ストロング・ビート」や「ウィーク・ビート」といういい方をせず、「ダウン・ビート（=強拍）」と「バック・ビート（=弱拍）」と呼びます。この強拍（トニック的=安定）と弱拍（ドミナント的=不安定）の繰り返しで構成される1小節を、そのまま4小節に拡大してみると（1拍を1小節とみなす）、1小節目が安定系、2小節目が不安定系、3小節目が安定系、4小節目が不安定系と、交互にハーモニーの機能の違いが現れます。一般的な曲はこのような構造を持っていることが多く、多くの人にとってはそれが自然に感じられるのです。

もちろん例外もたくさんあります。例外は曲に多少自然さを欠いたり、意外性というエフェクトになるので重要です（音楽学校でやっちゃいかん、間違がってるといわれることはナイス・エフェクトですよ!!）。

●譜面4

〈「Giant Steps」のケーデンス〉

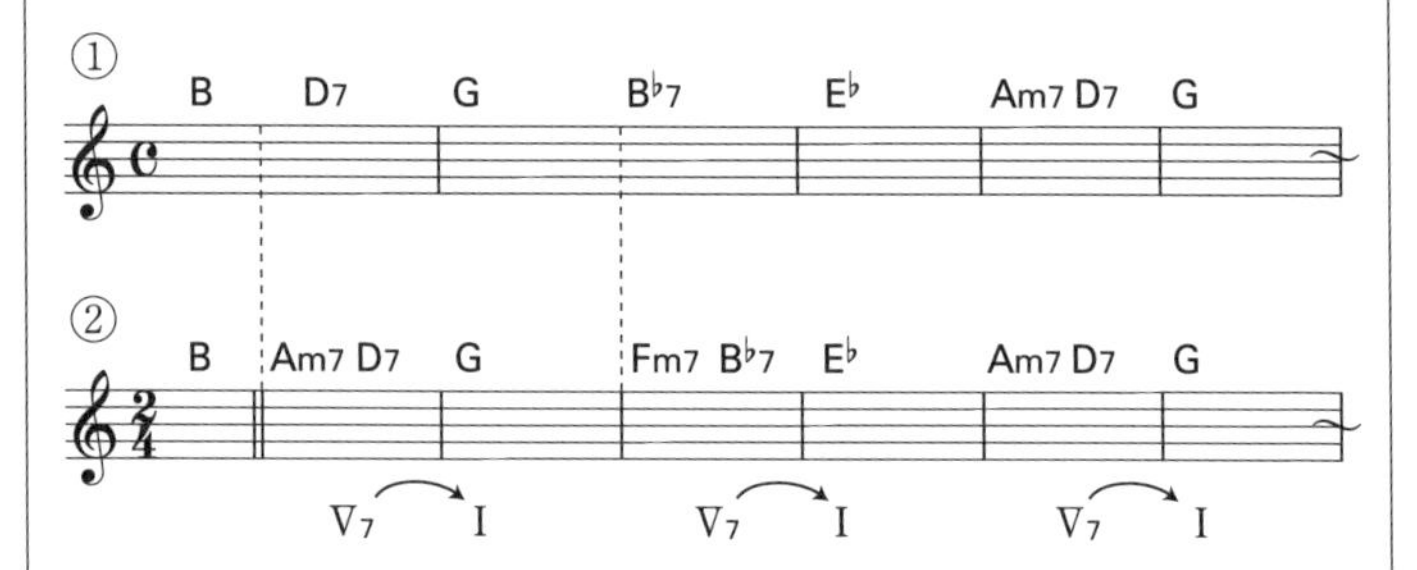


①は「Giant Steps」
②は①を（感覚的に受け入れやすい）通常よくあるケーデンスにしたもの。
Bがプレストーリーになっている。
コード進行のみならず、3拍4拍目で次のドミナントになることが
「Giant Steps」を難曲にする。でも素晴しく完ペキな曲である。

「Giant Steps」は、その安定、不安定が通常の楽曲と違うことや意外な方向に解決転調していく特徴があります。そのため自然な感覚でアドリブをすることが難しいのです（譜面4参照）。

## ◆「ジャイアント・ステップス」の成り立ち

ビバップ以降の時代には様々なメロディやそれに対するコード進行の可能性が探られましたが、それ以前の1930年代や1940年代のスタンダード曲のコード進行（時代とともに流行りのケーデンスや転調というものがあります）を整理分析し、まだ試されていないハーモニーの可能性があるということに気付いたコルトレーンは、それを創作に結び付けました。偉大な作曲家ですね。

まず、Dm7－G7→Cというケーデンスに代理和音（Substitute）を使うと、Dm7－D♭7→Cや、A♭m7－D♭7→Cといったコード進行を作れます。この手法は既に頻用されていました。だけど、A♭m7－G7→Cという置き換え方は、意外と使っている人が少なかったのです。

とはいえ、このアイディアは1930年代にも見られます。ミュージカルの有名曲を多数作曲したリチャード・ロジャースです。彼が作曲した「Have You Met Miss Jones」には、

●譜面5

by Lorenz Hart, Richard Rodgers

「Giant Steps」のヒントがあります（譜面5参照）。さらに前の時代の作曲に遡ってみましょう。

　1920年代に、Dm7－G7からAに落ち着くコード進行が好まれたことがありました。トニック（ここではC）の代理としてAmを使うことは音楽理論的にも通常のアプローチですが、A（メジャー）にすることで、別のキーにふわっとワープするような効果が得られます。NHKの朝ドラの音楽などでよく聴くことができるし、以前のTVのCMで「ネスカフェ〜」となるところの進行ですね（笑）。

　1930年代になると、IIImでも同じアプローチが試されるようになります。有名曲ではコール・ポーターの「I Love You」などがあります。IIImの代わりにIIIメジャーを使い、一時的にそのキーに進んだ感じを出す偽終止（注8）です。他にも「If I Were Bell」や「I'm Old Fashioned」なんかが、一時的にIIIメジャーに進む曲で、1930年代以降のスタンダードにはよく見られます。余談ですが、これを使ったポップスでの有名曲にはスティーヴィー・ワンダーの「You Are The Sunshine Of My Life」があります。

　$A^{\flat}m7$のサブ・コード（Substitute Chord／代理和音）はふたつあります。$F^{\flat}$（＝E）と$C^{\flat}$（＝B）です。

　$A^{\flat}m7$－G7→Cの$A^{\flat}m7$をEに置き換えると、E－G7→Cになります。EとG7は短3度（注9）の関係です。次に、解決したCを起点に前者と同様の短3度進行をさせるとC－

E♭7→A♭の進行ができ、これらを繋げます。するとE－G7→C－E♭7→A♭となり、これを移調（注10）します。するとB－D7→G－B♭7→E♭になり、「Giant Steps」前半の特徴的なコード進行になるのです。

さて、このB－D7→Gの部分を、元のm7に戻してみましょう。BはA♭m7、またはE♭mの代理です。D7単体をツー・ファイヴ化すると、Am7－D7です。これを繋げたら……「Moment's Notice」のコード進行ができ上がりました！（譜面6参照）

## ◆コルトレーンの作曲法の秘密

1930年代の作曲の話に戻ると、FのキーからIIIメジャーであるAに落ち着くには、F－E7→Aのようなコード進行が考えられます。これはAをトニックとしてみると、♭VImaj7－V7→Iになっています。

♭VImaj7＝IIm7♭5、これらはIVmの代理和音ですから、Aから見たらマイナーのIIm7♭5－V7を使って（本来進むはずの）Amには行かず、Aメジャーに偽終止した進行です。

プレイヤーへの、これを活かしたちょっとしたヒントです。コール・ポーターの「I Love You」の冒頭はGm7♭5－C7→Fですが、演奏上はD♭maj7－C7→Fの分解でソロを構成するとコントラストが良くなりますよ！

●譜面6

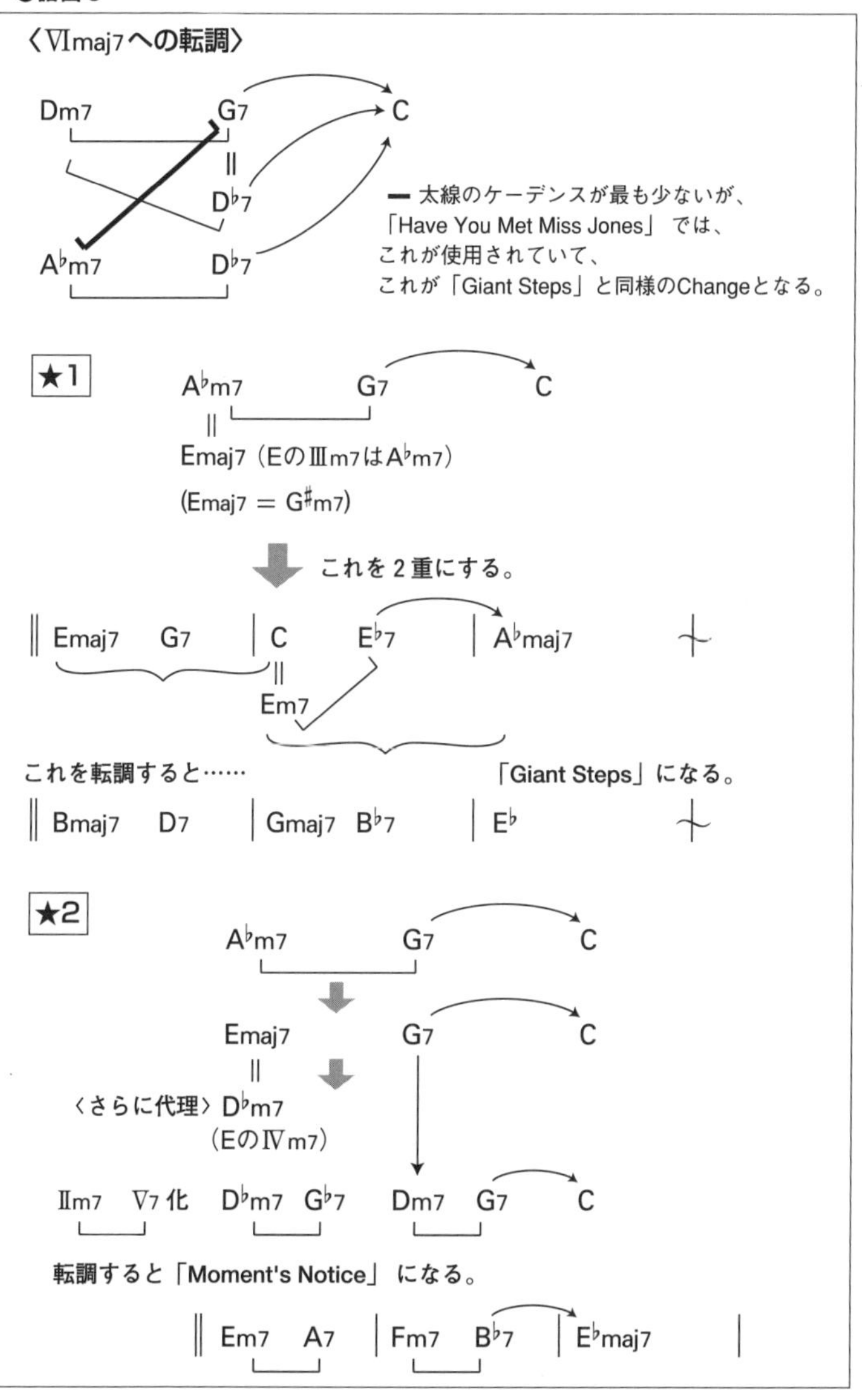
〈Ⅵmaj7への転調〉
Dm7
G7
C
D♭7
A♭m7
D♭7
━ 太線のケーデンスが最も少ないが、
「Have You Met Miss Jones」 では、
これが使用されていて、
これが「Giant Steps」と同様のChangeとなる。
★1
A♭m7
G7
C
Emaj7（EのⅢm7はA♭m7）
(Emaj7 = G♯m7)
これを2重にする。
Emaj7 G7
C
E♭7
A♭maj7
Em7
これを転調すると……
「Giant Steps」になる。
Bmaj7 D7
Gmaj7 B♭7
E♭
★2
A♭m7
G7
C
Emaj7
G7
C
〈さらに代理〉D♭m7
（EのⅣm7）
Ⅱm7 Ⅴ7化
D♭m7 G♭7
Dm7 G7
C
転調すると「Moment's Notice」になる。
Em7 A7
Fm7 B♭7
E♭maj7

この進行を元に、解決し安定したコードをVI♭maj7と見立て連続させると、次のようなコードのシーケンスを作ることができます。

||: D♭ | C7 | → F | E7 | → A | A♭7 → :||

さらにドミナント7thコードをツー・ファイヴ化します。すると次になります。

||: D♭ | Gm7 – C7 | F | Bm7 – E7 | A | E♭m7 – A♭7 :||

これは「Giant Steps」の後半のチェンジそのものなのです！　移調してみましょう。

|| E♭ | Am7 – D7 | → G | D♭m7 – G♭7 | → B | Fm7 – B♭7 | → E♭ | (C♯m7 – F♯7) ||

コルトレーンは名作曲家が体現したケーデンスの残る可能性を全て追求し、新たなるサウンドを創作しました。この作品の時代のコルトレーンのサウンドは、モード的ではありません。しかし、次に繋がる重要なメロディの創作法である「ユニット」の開発作業は既に進められていました。「Giant Steps」のソロはきっちりコードに沿った演奏ですが、それ

までのアヴェイラブル・ノート・スケールによる考えではない成り立ちを見せています。

それは、ペンタトニック・スケール（注11）を多用した8分音符4つの細胞（Cell）を連結したユニット（Unit）というひとつのメロディ単体を作る手法です。理論的なようですが熟練すればそれまでのソロと同じように感覚でできます。コルトレーンの偉業はそれまでの「ジャズ語」としてのソロの成り立ちを革新的に変えたことです。この辺りの解説をするとなると、より本格的な理論書的解説になり、別に一冊書かねばなりません。

過去の作曲家たちの仕事を徹底的に研究し、行き着いたのが「Giant Steps」なのです。僕にとっては、J.S.バッハ以来の完璧な作曲家がコルトレーンです。悪魔と契約したのではないかと思うくらいです（バッハにはそういう噂があったよね）。

コルトレーンはいろいろな作曲家のメロディやコード進行を研究して、新たな可能性を探し続けていました。まだまだアイディアは尽きなかったと思います。ジャズ評論的には、ビバップが行き詰まったことでモードに入っていったという捉え方をする場合がありますが、コルトレーンを分析する限り、ビバップが行き詰まった形跡は全くありません。ビバップの先にある、ビバップとは違う、新たな可能性を見出したから、モードに行ったというだけのことだと、僕は考えています。

## ◆コルトレーンによるソロのライン（アドリブ）の革命

「Giant Steps」は当時としてはあまりに特殊な進行なので、ピアノで参加したトミー・フラナガンのソロが少し……あれれ？　コルトレーンのソロはもちろんジャズ史に残る素晴らしいテイクだと思います。作曲者だしね。オルタネイト・テイクも聴いてみると、類似点が多いことにも気が付きます。インプロヴィゼーションではあるけど、ある程度用意したフレーズも使っています。こういった難曲の場合、ある程度ソロの筋道を立てておくことは珍しいことではありません。それにしても完璧です!!

「Giant Steps」のアドリブのラインからは、ペンタトニック・スケールから成るメロディを多く聴くことができます。前述もしましたが、ペンタトニックやそこから発生する4th Build（4度音程による和音）などによるCellの集合＝Unitというメロディ単位を作るやり方がコルトレーンが開発した方法です。1960年代以降のコンテンポラリーなジャズはこの語法をたくさん使っています。これまで有機的にビバップまで発展していったジャズの語法に加え、新しくコンセプチュアルな（概念的な）方法が導入され、それ以降のジャズやポピュラー音楽に強く影響を与えました。コード進行に対して然るべきスケールからメロディ／ソロを導き出すためのアヴェイラブル・ノート・スケールという理論は今でも基本ですが、１９６０年代以降のコンテンポラリーな音楽表現のためのツールとしては充分ではなくなったのです。

このユニットを使ったソロの語法は、コルトレーン、ジョー・ヘンダーソン、ウェイン・ショーターなどのテナー・サックスのプレイヤーや、ポスト・コルトレーンなプレイヤーたち、主流な後継者ともいえるマッコイ・タイナー、加えてチック・コリア、ハービー・ハンコック、ジョー・ザヴィヌルなどにより発展していきます。僕の専門のギターでは、時代順に並べるとパット・マルティーノ、ジョン・マクラフリン、ジョン・スコフィールドといったプレイヤーたちに受け継がれ、発展しています。

ペンタトニック・スケールは導音（リーディング・ノート）のない音階で、トライアドができやすいのが特徴です。4th Buildなフレージングはペンタトニックの転回形であり、これらによるメロディはトライアド（3度音程）、ディミニッシュ（短3度、増4度）、4度や5度で多少跳躍するフレージングとなります。コード・トーン同士を繋ぐパッシング・ノートによって繋がり、「ヌードル」状になっていくビバップまでの有機的ラインとはかなり違います。

これは僕の音楽理論書（注12）に詳しく記述してますが、まず１９５０年代の循環コードによるフレーズとコルトレーン以降の循環コードのフレーズでは一線を画するものがあり、比較すると分かりやすいと思います。モード奏法と同時期にそこから始まっているのです。この辺りは完全に理論書の領域ですね。

ここで一応認識しておきたいのは、セルもユニットもモードも、次に触れるシーツ・オブ・ウンドも、現在のシーンでは「死語」とまではいわないけど、それに近い存在になってるね。時間が経って、充分な発展を遂げて、あらゆる行程は統合され、今の若いプレイヤーたちは感覚でそれらを自然に実現できる世代になってきた、というところだと思います。

## ◆シーツ・オブ・サウンドの実際

「シーツ・オブ・サウンド」についても諸説あるので書いておきましょう。コルトレーンがすごい速さで音符を敷きつめる様を形容して、「シーツ・オブ・サウンド」と呼ぶわけですが、これはミュージシャン側から出て来た言葉ではないようです（アポロシアターでの楽屋話や、ウェイン・ショーターからも聞いてます）。

Cというコードで半音下のBペンタトニック・スケールを使ったら、ほとんどの音が外れたように聴こえます。でもCコード上で半音上のD♭ペンタトニック・スケールを使ったら、多少は関連のある音が含まれるので、Bペンタトニックよりは合っている感じがします。CコードでCペンタトニックなら、ピッタリ合致するわけです。こうして、同じコードに対して12キーの違うペンタトニック・スケールを重ね合わせることで、遠近感を表現することが試みられました。CにCペンタトニックなら距離が近い、CにBペンタトニックなら距離が遠い、と捉えるわけです。これは、そのペンタトニック・スケールに含まれるコード・トーンの数で遠近関係を示すわけです。

不安定なドミナント7thコードがトニック（主和音）に解決するには、スケールもコードに準拠するのが普通です。でも、前述したペンタトニック・スケールの遠近関係は遠いものほど、コード・トーンよりもオルタード・テンションが増えていきます。よく調性的でないフレージングを「アウトしたフレーズ」などといいますが、「アウト」というのは実は、「テンションが多い」ということであり、コードから外れた感じを出すことで緊張感や不安定感を演出します。感覚は安定を求めるので、アウトしてから戻ると、ドミナント・モーションと似た効果になるのです。

これが、批評家的には「シーツ・オブ・サウンド」とか「アウト・フレーズ」と呼ばれるものの正体のひとつです。でも、ミュージシャン的には「オルタード・テンション」とか「テンション」と呼ばれる音を、ペンタトニックや4th Buildのユニットを使って表現しているものです。

１９５０年代の終わりから１９６０年代にかけて、ペンタトニックや4th Buildのメロディ、代理和音を多用したコード進行を使った作曲が、ジャズのフィールドでは頻繁に行なわれるようになります。例えば、ブルーノート時代の初期のウェイン・ショーターの作曲には、まだウェイン独特の考えのものではなく、コルトレーンが開発した手法を基本にしているものがあります。ウェインは僕にとっては現代のモーツァルト、大天才作曲家だと思っているけど、最初から完全にオリジナルなものからは出発してないんだね（ちなみに彼は、ビリー・ストレイホーンとストラビンスキーがフェイバリットな作曲家だっていってたよ）。コルトレーンがミュージシャンや作曲家に尊敬され続けているのには、演奏や作品の素晴らしさはもちろん、作曲の手法やソロ／フレージング＝ジャズ語を改革したという理由もあるのです。

次の章では、マイルス、コルトレーン、ウェイン・ショーター、ハービー・ハンコック、そしてギル・エヴァンスらによる「モード・ジャズ」の実際について見ていきましょう。

**注1**：ピエゾ（ピエゾ・ピックアップ）……圧電（ピエゾ）素子を使ったピックアップのこと。マグネティック・ピックアップより小さく軽くしやすいことなどから、アコースティック・ギターの他、コントラバスやウクレレなどにも装着して使われる。エレアコ（エレクトリック・アコースティック・ギター）などのように最初から楽器に組み込まれている場合もある。

**注2**：「Be Bop A-Lula」……ロカビリー・シンガー、ジーン・ヴィンセントが1956年にヒットさせた曲。

エルヴィス・プレスリーや、近年ではブライアン・セッツァーのカヴァーでも知られる。

**注3：**「Bags' Groove」……ミルト・ジャクソン（vib）が1952年にブルーノート・レコードに吹き込んだ曲。マイルス・デイヴィスは1954年12月録音の『Bags' Groove』で取り上げた。

**注4：**ファースト・コール……ミュージシャンを必要とする仕事が発生した際、一番最初に依頼の電話をかけられる有能な人材のこと。

**注5：**ジャズ・キャット……ジャズマン、ジャズ狂を指すスラング。

**注6：**『Introducing Paul Bley』……1953年録音のポール・ブレイのデビュー作。チャールズ・ミンガス（b）、アート・ブレイキー（ds）によるピアノ・トリオ編成で、ミンガスのレーベル〝デビュー〟からリリースされた。

**注7：**ケーデンス……調性音楽のコード進行において、トニックから他の機能に移行して、またトニックに戻るまでのひとまとまりのこと。カデンツァともいう。

**注8：**偽終止……ドミナントからトニックに解決する完全終止に対して、ドミナントからトニックの代理和音に解決する進行のこと。

**注9：**短3度……2つの音の隔たりが全音＋半音（半音3つ分）で構成される音程のこと。全音＋全音（半音4つ分）だと長3度になる。このように音の隔たりを度数で表す。

**注10**：移調……楽曲全体の高さを変えて、違うキーにすること。例えば、Cメジャーの曲を全音上げてDメジャーで演奏することを指す。

**注11**：ペンタトニック・スケール……5音階で構成されたスケール（音階）のこと。一般的なのはメジャー・ペンタトニック・スケールとマイナー・ペンタトニック・スケールだが、これ以外でも5音階であればペンタトニック・スケールと呼ぶ。

**注12**：著者の音楽理論書……『Advanced Jazz Guitar』『Jazz Guitar Concept』（ともにシンコーミュージック）があるが、ここでは前者を指している。

第3章

# モードの真実

## ◆マイルス・デイヴィスとギル・エヴァンスの共同作業

1950年代後半、ポスト・ビバップの時代後期と時を同じくして、モード・ジャズ／モード奏法と呼ばれるコンセプトが生まれています。前の章で見てきたように、この下地になったのは、ファンキーな音楽のハードボイルドな一面や、クールなタイプのジャズが生まれていたことです。

「モード」という言葉は本来「旋法」という意味なので解釈は雑多にあります。旋法／音階としてのモードと、音楽のコンセプトとしてのモードは違います。

僕は、雑誌の取材でお会いできたギル・エヴァンスにお願いして個人レッスンをしていただいていました。マイルス・デイヴィスとギル・エヴァンスの共同作業的に進められ、「モード奏法」というコンセプトが創作／演出されましたが、ギル・エヴァンス先生は「V7が解決する音楽のあと、つまりハイドンで極まり、概念を持った印象派が現れるのと同じ道をたどるような感じであるが、モードはImpressionism、つまり印象派なジャズである」と教えてくれました。

この章ではモードについて詳しく見ていきたいと思います。

## ◆ギル・エヴァンス

マイルスのクール・ジャズな時代。ポスト・ビバップの中で、今まで以上にハーモニーを深く追求し刺激し続けるマイルス当人の影響で、よりハーモニックなバッパーであるレッド・ガーランドやウィントン・ケリーのようなピアニストが台頭し、その中でビル・エヴァンスのような素晴らしいカラーを持つピアニストが現れます。さらに1950年代後半になると、アカデミックなヨーロピアンなハーモニー感覚を持つ、ラジカルなジャズ・ミュージシャンが多く活躍する時代になります。

1947年（注1）にカナダからNYに移ってきたギル・エヴァンス先生は、クラシックの素養を持つ偉大な作曲家でアレンジャーです。「僕がNYに来た時は、それはすごかったよ。52丁目に行くと、こっちでパーカー、あっちでベン・ウェブスター（ts）が、また一方ではアート・テイタム（p）が演奏していて、外国人の僕にはものすごい刺激だった」と話してくれた。そしてまた、エリントンの楽曲やアレンジを研究していたそうです。ギル先生は、エリントンがクラシックの「印象派」の影響を強く受けていることや、ガーシュウィン、ストラビンスキーなどとの同時進行的な作業が先進的で刺激を受けていたそうです。そして、印象派を「モード」という言葉に置き換えて、新たなるジャズに取り込んでいくことになりました。

ジャズにおけるオーケストレーションの方法論もギルによって開発されています。開発というと何だけど、彼が「絵を描く」、そして聴いた人は刺激を受け、それを参考にして世に広まること、これが「開発」の実際だ。実質的には「発明」だね。過去を振り返り、ジャズ史を語る時のこういった定番な表現は（僕も使ってるけど）、具体性に欠けてしまう。余談になってしまったけど、ちょっと立ち止まってそんなことも考えながら読み進めてね。

ギル・エヴァンスはＮＹに移住してからすぐにミュージシャンたちと交流し、演奏を重ねていきます。ギル先生のオーケストラのサウンドはいつの時代も先進的で斬新です。ここまで進化したオーケストレーションは究極です。エリントン以来の方法論を踏襲していて、尚且つ、現在でもこれ以上に革新的なオーケストラ・サウンドは出てきていないというレベル。でも僕にとっては（時代は１９８０年代前半に飛ぶけど）ジャコ・パストリアスの『Word Of Mouth』がギル・エヴァンス・サウンドを彷彿させます。チューバやスティール・パン、それにトゥーツ・シールマンス（harmonica）がそれに加わり、それこそ究極のサウンドであったと思います。

ビッグ・バンド・スタイルとしてのオーケストレーション完成度という点では、ギルの作業にも影響を受けたサド・ジョーンズ＆メル・ルイスが最高峰であると思います。彼らのサウンドを受け継いだヴァンガード・オーケストラは、僕の古い友人のダグラス・パー

ヴァイアンス（tb）が率い、今現在でも活躍していますので、ぜひ聴いてみてください。ギル先生とも親しかったトム・ピアソン（日本在住）やNYの現在進行形なマリア・シュナイダーも見逃せません。

## ◆モードのコンセプトとは？

ビバップ以降の方法論は、音楽理論（セオリー）ではなく、個人的な考え方や概念である「コンセプト」が中心の時代です。かつての美術と音楽はルネサンス以降、ともに歩んできました。それまでの自然発生的な表現の歴史の中で、概念的な表現を始めたのは、両者とも19世紀の末の印象派のコンセプトからです。この「自然発生的」というのは、美術では例えばダ・ヴィンチに代表されるルネサンス以降の方法です。音楽ではバッハ以降のカウンターポイント（対位法）の解決がアーメン終止、すなわちドミナント・モーションになります。ここでは音楽の方についてだけ説明しておきましょう。

G7コード（ソシレファ）がCコード（ドミソ）に解決するというドミナント・モーションは、物理的な「現象」です。G7の構成音であるシとファという2音は、1:√2という周波数の比になっていて、「うなり」を起こします。これが人にとって不安定に聴こえるのです。なぜか？　1:√2の重音が生み出すような「うなり」は、低周波を使えばビルの解体などにも利用されます。ジェット機などの騒音・振動でガラス窓が割れる衝撃波や、魚群探知に使われるソナーにおいてもこのようなものが使用されます。我々の身体も「物」ですから例外ではなく、だから不安定に感じるのです。

この不安定なシとファによる重音をトライトーン（Tri-tone＝3全音）といいます。トライトーンを安定したトニック（主和音）に解決する進行をドミナント・モーションといっているのです。G7からCに解決するというのは物理現象と同じですから、自然に感じます。不安定なものは解決したい。腹が減ったら食べたい、痛いから痛くなくしたい、など……。理論というものは自然なものを分析して体系化したものです。

しかし、私たちの頭の中の世界はそれを超えます。美術の印象派は日本の浮世絵にある「末広がり」に目を付けました。ルネサンス以降のヨーロピアン・アカデミズムでは透視図法的（1点透視図法、2点透視図法など）に遠近感が表現されます。直方体を斜め上から見ると遠い方が幅が狭くなります。正面から見ると側面は見えないことになります。しかし、あなたの目は側面があることを知っているし、概念的にも側面を知っています。だから概念を中心にものを見て表現する印象派の画家たちは、浮世絵に目を付け、その技法を取り入れました（日本の画家たちの表現がプリミティヴだったからなのですが……）。音楽の印象派もそうでした。キーワードがあります。

◎解決しないといけないの？
◎ドミソ（3度音程の和音）じゃないといけないの？
◎不協和音であろうが協和音であろうが自由に進行できるのでは？

……などです。その結果、印象派の音楽には次の特徴が現れました。

◎平行移動和音。
◎4th Buildによる和音。
◎特定の旋法を優先する自由。
◎ドミナント7thコードが「解決を求めるコード」ではなく、トニックとして機能することができる（トニック・ドミナント）。

こうして見ると、ギル先生のおっしゃる通りにモードの特徴と印象派は全く同じです。でもモードはジャズだからね。リズムもグルーヴもアトモスフェアやムードも全く違います。

概念的であることは全く個人的なものですから、理論を超えます。自由な音楽に、理論に合っているのかという懸念は全く必要ないのです。例えば、ジョージ・ラッセル（p）が提唱したリディアン・クロマチック・コンセプトは、理論ではなく、彼の「コンセプト」なのです。元々彼は、アカデミックなハーモニーにプリミティヴなメロディ（ブルースやブルーノート）がどうして上手く載ることができているのか考えることから始めています。コンセプトとは、簡単にいうと「自分のやり方である」ということです。自分なりの自然の解釈もあるでしょう。それもコンセプトです。音楽はいつだって自由です。

　モード・ジャズもひとつのコンセプトなので、セオリーとはいい難い部分もありますが、元々のクラシックの印象派のコンセプトは１００年も前のものです。そんな難解なものではありません。僕たちの世界で１００年間響いてる音なわけです、だからこそすんなり入ってくるのですね。

参考：

Low Intonation

シ（B）123.57Hz: ファ（F）174.61Hz=1: $\sqrt{2}$

Mid Intonation

シ（B）246.94Hz: ファ（F）349.23Hz = 1: $\sqrt{2}$

High Mid Intonation

シ（B）493.88Hz: ファ（F）698.46Hz = 1: $\sqrt{2}$

## ◆印象派とは？

ここまでに述べてきた「印象派」ですが、ここでちょっと整理しておきましょう。印象派というのは、19世紀に起こった芸術運動です。芸術の文脈での印象派について知っておくと、モード・ジャズについても分かりやすくなるでしょう。

14世紀に始まったルネサンスにおいて、ボッティチェリ、ダ・ヴィンチ、ラファエロなどの画家たちがフィレンツェを舞台に活躍しました。ダ・ヴィンチに代表される1点透視図法という遠近法の開発は、3次元を2次元上の画面に表現する絵画表現を大きく進歩させました。これは前述した通りです。

これに相当する音楽上の現象は、18世紀初頭、J.S.バッハに代表されるように、G7がCに解決するドミナント・モーションによる音楽表現が顕著になることです。不安定な和音が安定な和音に解決するということですね。この原動力を得て、音楽は大きく発展することになります。クラシック音楽的には、19世紀のハイドンで極まるまで、この流れが続きます。特に意識したわけでもないでしょうけど、物理的な現象は我々の身体にも（「物」ですから）アプライします。僕は個人的にこういった音楽を「肉体フレンドリーな音楽」と呼んでいます。

19世紀の終わり頃、印象派という芸術運動が起こりました。これは人類の芸術表現の中でも特異点です。それまで肉体フレンドリーな音楽が中心だったのに、「概念」を優先、または意識した芸術表現です。

概念的であるということは、物質=肉体の性質上自然に聴こえる音楽から次の発展をするわけだけど、その性質上「理論」を超え、表現者個人の「コンセプト」になるのです。ルネサンスの頃からヨーロッパでは音楽と美術はともに発展してきました。印象派も例外ではありません。しかし、そのあとの抽象表現主義の時代を過ぎた頃から、いつの間にか「同じ考えの下」という意味では一緒ではなくなりました。

印象派を代表する作曲家はラヴェルやドビュッシーです。印象派の音楽には、平行移動和音、平行移動のセカンド・ドミナント・メロディ、ドミナント7thなサウンドをトニックに使用する(トニック・ドミナント)、ドミソのような3度音程の和音ではなくドファソやドレソなどの和音(4th Build、5th Build)の使用……といった特徴が見られます。交響曲の父ハイドンから、これら印象派までの時代は、まるでビバップまでのジャズのようなものですね。

モード・ジャズの時代からずっと遡ってみると、エリントンはリアルタイムで印象派、ポスト印象派の影響を大きく受けています。ガーシュウィン、ラヴェルなどと時代をともにしたエリントン楽団に見られるアレンジからは、例えばブラスが5度や6度のSoliを平

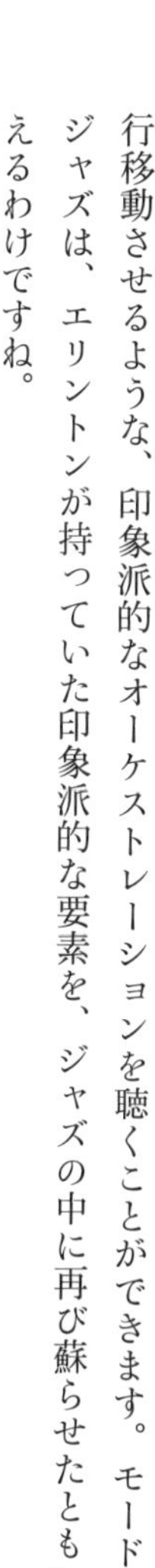
行移動させるような、印象派的なオーケストレーションを聴くことができます。モード・ジャズは、エリントンが持っていた印象派的な要素を、ジャズの中に再び蘇らせたともいえるわけですね。

## ◆ギル・エヴァンス先生のレッスン

僕の音楽理論の師である、ギル・エヴァンスについて書いておきましょう。

モード・ジャズの立役者であるギル・エヴァンスは、カナダからＮＹに単身で渡ってきました。彼が僕にいってくれたことをそっくりそのまま書くと、「僕はたったひとりで渡ってきた。君もひとりで来たのかい？　寂しかっただろう？　君は言葉が通じなくて寂しいだろうけど、僕もカナダ訛りだから誰とも話せなくて寂しかった」……僕からすると、カナダなんてすぐ隣で、しかもトロント（英語圏）から来た人だから、そんな風に思っているなんて考えもしなかったし、びっくりもした。そんなこともあってか、外国人のミュージシャンにはとても親切でした。

ギル先生はＮＹに渡ってから毎晩52丁目のジャズ・クラブ街に通ったそうで、でも、さすがに毎日入店するお金はないから外から聴き耳を立てていることが多かったそうです。しばらくそんな暮らしをしていると、外で聴いている常連が自分以外にもいることに気が付いたそうです。ノートを持って採譜をしながら立ち聴きをしているその人は、若き日のクインシー・ジョーンズ……ちょっとできすぎな話だけど、先生のお話です。

僕がある雑誌のためにインタビューをした時にレッスンを申し込んだせいか、ギル先生のレッスンはその時と同じに、セントラル・パークをゆっくり散歩しながら行なわれました。レッスン内容は僕が質問するのみ。メモは禁止でした。ストロベリーフィールド辺りから入って、ボートハウスまで行き、カフェで少しのんびりしてアパートまで戻る。

よくその時に、「同じ道を通るな」といわれました。「君、そこは来る時に通った道じゃないか?」「芝生の中は歩かないのか?　立ち入り禁止とは書いていない。道があるからそこを歩くのか?」「君は自由に歩き回れるのに、なんでそんなつまらないことをするんだ?道じゃなくたって、歩いていいんだよ?　君はミュージシャンなのに、誰かが作った音楽をそのまま作り直すだけなのか?」……元々同じ道を歩かない癖のある僕には、感覚的におっしゃりたいことは分かったけど、でも面食らいました。

こんなこともいわれました。「あの建物は何だ?」「メトロポリタン美術館です」「あれは何をするところかと訊いている」「?・?」「君がアーティストであるならあれは芸術の墓場だ。アートはいつでも現在進行形なのだ。あそこは終わった芸術が収められるところだ」「でも君がアーティストではなく、研究するような立場なら大いに楽しいところだろう」……と。

おまけにもうひとつ。１９８７年はギルさんに再び教えてもらった年、嫁と出会った

年、憧れのミケルズにリーダーで出演できた年、ジャコが亡くなった年。いろいろあった……。ギル先生がお疲れの時に、タクシーを掴まえようとしたことがありますが、その時僕にこういいました。「僕の生徒だったら守って欲しいことがある。それはひとりではタクシーを使わないことだ。そのうち地球も人類もグリーンハウス・エフェクト（温室効果）で大変なことになる。だから守って欲しいのだ」と（当時はグリーンハウス・エフェクトなんて言葉を知っている人はあまりいなかった時代です）。僕はなるべくそうしてはいるんだけど、恥ずかしいけど守れていません。「破門じゃ!!」っていわれ続けてる気がします。先生はレッスンの時、階段で降りてきます。お帰りになる時、エレベーターに乗られます。ジャコが亡くなった時にスイートベイジルで演奏されていた先生は、曲中にその知らせを受け、その日は演奏を止めてしまいました。不思議と仲間のミュージシャンばかりがいた夜でしたが、先生のがっくりされる様子が目に焼き付いています。そして、その半年後、きっちり半年後ですよ、先生も他界されました。しばらく放心状態だったのを思い出します。

## ◆マイルスとギルのモード

昔はジャズの「教育」とまではいかないまでも、教本や参考資料がクラシックのようにあったかというと、そうではなかったのですね。日本で使える教本や譜面がちらほら出てきたのは1970年代になってからです。だから、日本でもアメリカでも「できるやつはできる」みたいな時代だったのです。ジェリー・コカーが1964年に初めてのジャズ理論書（注2）を出したあとも、それが標準になったかといえばそうわけではなく、様々な理論が芽生えたようです。その中でも当時のバークリー音楽院の教育と理論は優秀で、自分でレコードやライヴを聴くのは当たり前ですが、そうしなくても論理的に的確な音を憶えていける状態になってきました。アヴェイラブル・ノート・スケール中心の考え方は、ビバップ以降ハード・バップやクールなど、モダン・ジャズ全てにアプライするという優秀なもので、その後そのような教育が広まったわけです。

でも、そのジャズ教育の範疇を論理的に捉えるとジャズぽくないソロになることもあるのです。G7からCに解決する時のスケールはGミクソリディアンやオルタード・ドミナントなどを使いますが、このように図式化されたような理論に当てはめて弾いてみてもジャズ語になるとは限らないわけです。全てはフィーリング、そしてたくさんジャズを聴くことです。

1950年代後半になると、アクティヴなコード進行やメロディが多い中、シンプルに表現するためにワン・スケール、ワン・コードな雰囲気の曲が作られ演奏されるようになりました。マイルス・デイヴィスの1958年録音の「Milestones」では、[A][A][B][A]形式の楽曲ですが、[A]の部分をGドリアン。[B]の部分はAエオリアンでできています。同年後半に録音されたアルバム『Kind Of Blue』はモダン・ジャズの名盤中の名盤とされますが、そこにモードの代表曲「So What」が入ってます。この曲も[A][A][B][A]で[A]の部分はDドリアン、[B]の部分は半音上がりE♭ドリアンになるだけのシンプルなチェンジです（譜面1参照）。調的な動きが少ないのでホリゾンタル・プログレッションともいわれ、これはモード奏法の特徴でもあります。

常に新しいサウンドを模索し音楽にしていったマイル・デイヴィス。モードな世界を実際に大ヒット・アルバムという形でファンにプレセントしたマイルスは、さらにそれをアンサンブルな世界での表現に取り組むため、ギル・エヴァンスとの作品作りとともに、サウンドを探求したそうです。ギル先生からはモード＝Impressionismと教えていただきました。コルトレーンの「Impressions」の題名が何かを語っていると思いませんか？

これはちょっと余談ね。アメリカは「ギターの国」といってもいい過ぎではありません。でも、ジャズは都市部の音楽……。NYはギターの国というよりジャズが観光資源であるような土地柄ですから、管楽器やピアノが中心です。例えばモードの特徴のひとつの平行移動和音を弾くのはピアニストには結構難しいんだけど、ギタリストにとっては、楽器の構造上、弾くポジションを「ずらすだけ」で済んでしまいます。だから、ギタリスト・プレイヤーのマインドとしては、ズルしてる（楽してる）ような気がして、これはあまりやらな

●譜面1

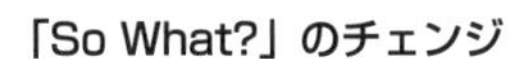
「So What?」のチェンジ

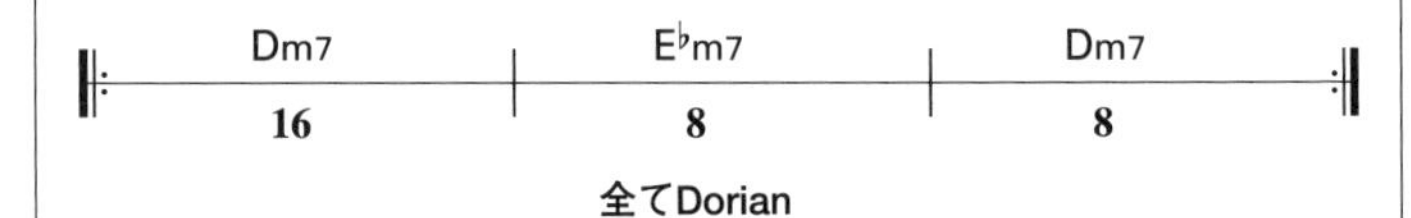
Dm7
16
E♭m7
8
Dm7
8
全てDorian

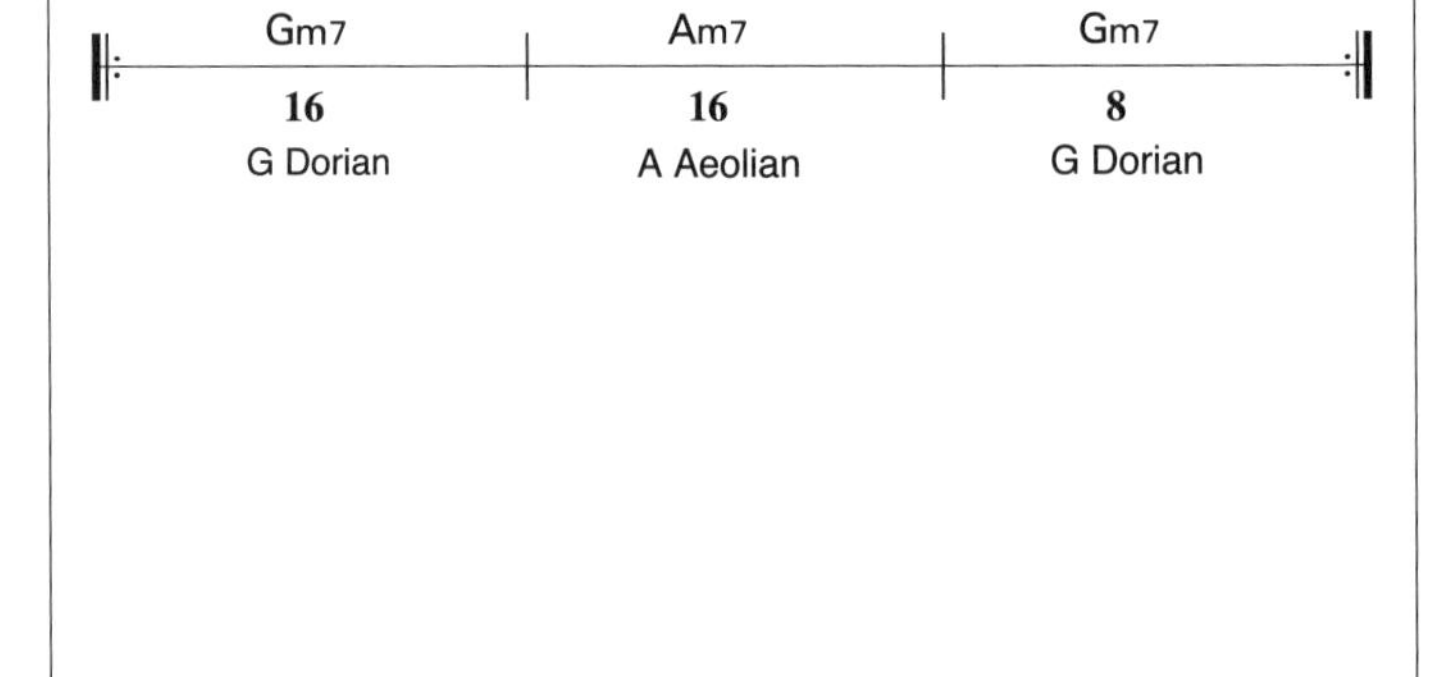
「Milestones」のチェンジ
Gm7
16
G Dorian
Am7
16
A Aeolian
Gm7
8
G Dorian

いんだよね。NYがギターな都市だったら、ジャズの歴史がちょっと違っていたかもしれません。

マイルス・デイヴィスとギル・エヴァンスは、1957年から1963年まで共同作業でアルバムを作っていますが、その後もお互いに意見交換をしながら、新しい音楽を追求していったようです。

ギル・エヴァンスは、モード＝印象派的な手法を駆使した素晴らしい音楽を残していますが、自らのビッグ・バンドのみならず、アレンジャーとして多くのアルバムに参加しています。時代ごとに最先端を行くサウンド作りは1988年まで続きました。例えばマイルスとギル先生は、1960年代末にはジミ・ヘンドリックスの音楽に刺激や影響を受け、ジャズのフィールドに「ジミヘンなロック」を取り入れてきました。1970年にはマイルスとギル先生はジミとレコーディングするところまで決まっていましたが、ジミは天国に行ってしまいました。ギル・エヴァンス・オーケストラは最後までジミのナンバーを演奏していました。

一方のマイルスは、『Kind Of Blue』でよりモーダルなハーモニーに近いビル・エヴァンスを起用しています。その後はウィントン・ケリー、ヴィクター・フェルドマン、ハービー・ハンコックというようにピアニストが変わります。この頃には既にモードを発展させたサウンド作りとなりますが、自己のオリジナルの他にメンバーによるオリジナルをどんどん取り入れ、ホリゾンタルのモードから普通のストラクチャーで成立する楽曲が増えてきました。コルトレーンからジョージ・コールマンの時代です。

マイルスは1964年にウェイン・ショーターを迎え、ハービー・ハンコック、ロン・カーター、トニー・ウィリアムスによる史上最高のバンドの時代となります。この時期にはウェイン・ショーターの楽曲を多く取り入れています。彼が参加後、最初の録音はライヴ盤『Miles In Berlin』(1964年9月)。「Autumn Leaves」は超絶すごいことになってます。スタジオ録音としては翌1965年の『ESP』が初です。既に「モードのウタモノ?」といったコード・チェンジを有する楽曲が続々と誕生しています。ギル先生とは違った形でモードを発展させたのです。

でも大切なことは、始めるにあたっては「モード」というムーヴメントを唱え、研究、インスパイア、表現をしていくわけですが、実際のところ音楽家たちは、世間がモードといい始める頃には既にもうそれを意識せず、自由に表現するのみなのです。こういう偉大な音楽家たちは「殻」を作りませんから、どこへでも行けるのです。自分で「殻」を作ってしまうとなかなか破ることはできません。

モード移行のコンセプトによる1960年代の楽曲としては、マイルスの「All Blues」、ウェインの「Nefertiti」「Pinocchio」、ハンコックの「Maiden Voyage」「Cantaloupe Island」「Dolphin Dance」などのように、一見普通っぽい構造の曲や、ツー・ファイヴがあっても

モードな曲なども挙げきれないほどあるのです。
１９５０年代後半のマイルス・バンドは、「ハーモニック」な演奏をするレッド・ガーランドから、モダンなハーモニー感を持つビル・エヴァンス、それからメロディ中心でモダンなハーモニー感を持つウィントン・ケリーに変わっていきました。ブルース（Blues）は古いスラングで、Greensともいいます（ごく一部のジャズマンの間のみで使われる、一般公開しない掟の言葉ってあるんだよ。書いちゃったけど……）。Blueの中にGreenが……それを反対にすれば「Blue In Green」になりますね。エヴァンスのアルバムでは「Blue And Green」になってます。こんなことから当時の背景を想像してみるのも楽しいでしょう。

## ◆ジョン・コルトレーンのモード

１９５６年録音のプレスティッジからの有名な「in'」シリーズの『Cookin'』『Workin'』『Relaxin'』『Steamin'』の４部作を録音したマイルス・バンドはジョン・コルトレーン、レッド・ガーランド、ポール・チェンバース、フィリー・ジョー・ジョーンズの歴史的メンバーでした。コルトレーンは、マイルスの影響を受けているのは間違いありませんが、この時期から既にモーダルな雰囲気を醸し出していました。テナー・サックス的な視野でいえば、この４部作に加えその２週間後に同じスタジオ（ニュージャージーにあるルディ・

ヴァン・ゲルダー・スタジオ）で録音されたソニー・ロリンズの『Tenor Madness』以降ともいえます。以下はコルトレーンのリーダー作を中心に話を進めます。

アトランティック時代は『Giant Steps』はじめ、『My Favorite Things』、『Ole』など、今後のモードの指標になるような演奏を残しています。この時代はマッコイ・タイナーのハーモニーがまだマイルス的に3度音程の積み重ねによるテトラド（4声による和音＝一般的なコードの延長）中心でした。ホリゾンタルなプログレッションによる表現には、今後発展するハードボイルドな雰囲気、ジミー・ギャリソンとエルヴィン・ジョーンズのポリリズミックな発展や、新しいジャズ・ワルツの表現の息吹を感じます。

インパルスに移籍したあとのセッションは、いきなりエリック・ドルフィーのアレンジの『Africa / Brass』からになります。このサウンドはドルフィーのアヴァンギャルドな個性を感じることのできる、新しいコルトレーンでした。僕はアルバムをリリースした順ではなく録音日により話を進めています。このアルバムや次作『Impressions』での演奏になると、マッコイ・タイナーのヴォイシングが4th Buildになります。ハードボイルドで有機的な演奏ではあっても調的印象は無機的な感じのピアノのヴォシングを見ると、ドビュッシー的、より印象派的ともいえます（譜面2参照）。演奏もよりアグレッシヴな印象になり、コルトレーンの独自色が強く現われてきます。

ドビュッシー繋がりでいうと、1972年録音のマイルス・デイヴィス『On The Coner』

**●譜面2**

〈Tetrad or 4th Build?〉
コルトレーンの「My Favorite Things」のVampに見るマッコイの変化
50's
D Dorian
①
Dm7
Em7
Variation
②
Dm7(9)
Em7(9)/A
D DorianにないEmの9th（F#の音）を入れたオンチ感がたまらない！
60's
①
②
★右手と左手を分けてあるが、左手のみで弾けます。
ギタリストは右手の譜を弾けば良いでしょう。

などのアルバムやライヴに参加したチック・コリアですが、彼のリーダー・アルバムから聴こえてくるのはマッコイとは別の意味で印象派的で、ドビュッシーに似ている部分がありますｍ。でも、マッコイとチックは全然似ていない……この関係性は面白いね。

## ◆マイルスとコルトレーンの比較（ドラマー編）

マイルスが１９６４年以降、それまでのモード奏法を発展させたより複雑とも思える構造、ホリゾンタルなチェンジから脱却したモードの「スタンダード楽曲」ともいえる方向に向かったのに対して、コルトレーンのモードはよりシンプルなストラクチャーを基にしていきます。この違いは、当然当人たちの音楽性の違いのために他ならないのですが、その目的のためのバンド・メンバー（素晴らしい！）の人選によるところも大きい思います。本当にすごいバンドというものは一期一会な出会いをするんですね。呼び合うのかなぁ、Jazz ManというかX-menというか……。

まずは、１９６３～１９６９年にマイルスが擁したトニー・ウィリアムスと、１９６０～１９６６年までコルトレーンを支えたエルヴィン・ジョーンズという、ドラマーたちのスタイルの違いです。ドラムスというのは、それ全体でひとつのハーモニーを持っています。ドラムは打楽器だけど、音色や音程感は思った以上に繊細です。演奏に加えて、その人がどんなチューニングをして、どんなシンバルを組むかによって、ドラム・セットのハーモニーが決まり、バンド全体に非常に大きな影響を及ぼします。

トニーとエルヴィンは、マックス・ローチ〜アート・ブレイキー〜フィリー・ジョーに代表されるモダン・ドラマーたちのスタイルを継承しながらも、最も革新的な表現スタイルと現代性を兼ね揃え、独自のスタイルを持ったふたりなのです。

ミントンズなどでのガレスピーやパーカーとのセッションでビバップの先駆けとなったマックス・ローチやケニー・クラークのあとに出てきたバップ・ドラムの代表には、アート・ブレイキーがいます。顔とパブリック・イメージのせいか豪快一辺倒に思うかもしれないけど（失礼！）、実は繊細なプレイが得意ですね。そして1956〜1958年頃のマイルスの録音でお馴染みのフィリー・ジョー・ジョーンズこそは、今のモダン・ドラマーに最も影響を与えたドラマーであることは間違いありません。

トニーとエルヴィンという、モード世代の代表ふたりのドラマーは、特にレガートの捉え方が違います。そしてハイハットも……これをいってくと全部になっちゃうかもね。

エルヴィン・ジョーンズのドラミングは、独特なレガート、チューニング、アフロなイメージなどの他にポリリズムを多用することも特徴のひとつです。ポリリズム的アイディアとしては、現在では数学的にパターンを計算するような演奏も多く見られますが、エルヴィンの場合は通常の4拍子の中に3拍子なフレーズを多用したり、感覚的な範疇で行なわれます。ただフレーズとしてはとてもジャズ語なので、フレーズを聴いてないと（タイムで数えてるだけでは）見失います。フレーズを歌うのでタイムが多少伸びたり縮んだりしますから、ジャズ語で聴いてないと分からなくなってしまうでしょう。

レガートも「熱く歌う」ので、「フレーズ的」なドラマーであるともいえます。例えば、スネアでのドラム・ロールを「ダララララ……」と伸ばしてから、シンバルが「バン！」と入ることがありますが、エルヴィンの場合のこのドラム・ロールの長さは、本人の歌いたい気持ち次第で伸びたりもします。それに熱い「気」のようなものが宿してますから「カメハメ波」出しっぱなし。

現在ではルーディメントのテクニカルな教育や練習は標準となり、ロックやファンク、ラテンやブラジリアンのリズムが普通な時代ですから、ジャズ・ドラマーのポリリズミックなアイディアも当たり前になり、むしろどこがポリリズムなのかあまり意識しなくなりました。ですから「ポリリズム」という言葉も半ばジャズ評論や理論の中だけに生きている言葉になりつつあります。現在のドラム・スタイルのアイコン的超人デイヴ・ウェックルはポリリズムを多用しますが、タイムは絶対に崩さないタイプです。このタイプの場合、共演者はどこで「バン（Bash）！」が入るか（ダウン・ビートや元の感じに戻るところ）は、彼のポリリズミックなギミックにやられない限り、予想は可能です。でも現在はこれが見えるだけで、ミエミエでちょっと恥ずかしいこともあるので、「Bash」しないこと

も多いです。こういったタイムで割り切れるタイプとは違って、エルヴィンは「唄」で行なってるからジャズ語を理解しない限り予測不能です。共演者は阿吽の呼吸でジャズ語を自由に喋れないと、エルヴィンとプレイするのは難しいでしょう。

実は、このことはストレートアヘッドのジャズが唯一持つ文化ともいえます。ですからジャズ・ドラムの代表ともいえるフィリー・ジョーをはじめ、多くのドラマーに同じことがいえるのです。ジャズのリズムは明確でありながら感覚的でFuzzyなのです。だから打ち込みでは、ジャズはイマイチ感じがでないのです。コルトレーンとエルヴィンによるアグレッシヴな表現は　ハードボイルドな印象を受けます。モーダルで無機的なハーモニーは逆に有機的な響きへのエフェクトとなります。そうした表現は、「Giant Steps」のような複雑なコード進行よりも、よりホリゾンタルなプログレッションへと変化していきます。だから、コルトレーンは年を追うごとに、曲をシンプリファイさせて、メロディが自由になっていきます。ひとつのモードによる曲がワン・トーナル（ひとつの調性）となり、上に乗る演奏は極端にいうと「何でも自由」となります。そしてリズムも自由に、トーナリティも解除になれば「フリー・ジャズ」となるのです。

天才トニー・ウィリアムスは17歳でマイルス・バンドに参加しました。速いテンポを得意としたスーパー・テクニカルでもありますが、よりアンサンブル的なドラマーです。曲想を最大限に膨らませることを得意としています。そのことが、マイルスのバンドを、曲想を重視したサウンド作りに向かわせたといえます。トニーに関することは、マイルスの自伝（注3）以上に正確なものはないので、そちらも参考にしてください。楽しく読めると思います。

トニーはかっこいいレガートにランダムなハット、のちに4拍のダウン・ビートを全部踏むという感じになります。多くの自作曲を持っていますが、晩年はトップ・ジャズマンとしての活動とともにクラシックの作曲を自宅のあるサンフランシスコの大学で勉強していました。ウェイン・ショーターの自宅をお伺いした時に電話があり、ウェインの紹介で「作曲」や当時最先端だった「打ち込み」などについ話したことが2回ほどあります。僕は当時東芝EMI所属で、トニーも同じでした。ブルーノート東京がまだ骨董通りにあった頃ですが、EMIの方々が、ちょうどその頃結婚したトニーと時を同じく結婚した僕のために、トニーのライヴのあとブルーノート東京を借り切り、小さな「おめでとうパーティー」をしてくれたことが良い思い出です。革新的でやはり超絶なポリリズミックなアイディア、未だによく分からない部分があります。感覚が付いていけなくなるからです。僕は天才的な演奏家たちに比べ、演算処理がずっと遅いので、感覚をオープンにするしか方法はないのです。世間は逆のことをいいますね。凡人こそ感覚を磨かなくてはいけません。

## ◆マイルスとコルトレーンの比較（ピアニスト編）

次はピアニストを考察しましょう。ハービー・ハンコックとマッコイ・タイナーというふたりのピアニストは、マイルス・モードとコルトレーン・モードのサウンドの要です。ハービー・ハンコックは伝統的なジャズ・ハーモニーの上に成り立っていますが、右手が4th Buildや5th Buildのときに左手をテトラドにするコードやまたその逆があったりします。これは小さなビッグ・バンド状態でもあるのです。マイルスのモードのハーモニーは、テトラドから4th Buildをさらに柔らかく、中間色にするような要素としてテンションを加えます。構成音が増えると的確な転回や省略などが行なわれます。その結果、違うコード・サウンドになってもいけないので、そのまま弾くとそのコード機能を失わずにサウンドさせられるように指定した転回形が分数コードです。

１９６０年代からは、ウェイン・ショーターが書いた「Nefertiti」のような、モードの要素を持ったウタモノ的な曲（コードがひとつしか出てこないような一発的な曲ではなく、コード進行が明確にある曲という意味）が生み出されるようになると、テンションやコードの転回形を指定しないとそのサウンドにならないような楽曲が増えていきました。

分数コードというのは、基本のコードの上に成り立つテンションの部分を優先に捉えたコードで、簡単にいえば「転回形」です。コードのテンション（基本部分は1、3、5、7度で、テンションが9、11、13度）部分がトライアドになるので、ピアノ上では左手で主にルート、右手でテンション部をシンプルにトライアドにしてプレイします。こういうコードをアッパー・ストラクチャー・トライアド（UST）と呼びます。例えば、C7をエクステンド（拡張）すると、ド、ミ、ソ、シ♭、レ、ファ、ラとなりますが、このシ♭、レ、ファの部分がB♭のトライアドとなり、B♭/Cというコードになります。分母に調性があるのが基本ですが、実際は意味よりも転回形の利便性が優先されるので、そういう意味では分母に調性があるとも限らなくなります。最近は、アッパー・ストラクチャー・トライアドのことを「ハイブリッド・コード」というい方もありますが、これは車の影響で出てきた時代感覚を含んだ呼び名です。言葉としては、調性感とかを含まない感じなので、僕個人としては使いません。

ウェイン・ショーターが書く曲は、USTはさほど出てきません。自分が演奏するのに必要なことのみが記述されます。ですから必要とされる和声感が表現しづらいものが結構あります。一方ハービー・ハンコックは誰が弾いてもそのサウンドが出るような表記が多くなります。例えばハービーが書いた「Dolphin Dance」や「Maiden Voyage」はUSTが多用されていますから、忠実に弾けばかなり近いサウンドになります。スタンダードに近いコンセプトですね。

マッコイは、4th Buildなコードを多用するようになったものの、ハービーがテンションによってよりコンプレックスなコードにサウンドするのに比べると、コードそのものが複雑というわけではありません。シンプルな響きだからこそパワーやパッションが表現しやすく、硬派なタッチで、コルトレーン・カルテットのサウンドの中心核となります。

## ◆音階としての「モード」

音階を指す言葉としてのモード（旋法）は、基本的にダイアトニック・スケール（長音階）の転回形として成立します。例えばダイアトニック・スケールにはドレミファソラシの7音がありますから、それぞれの音を始点として、原型を含めて7つの音階が作れます（譜面3参照）。まあ、この辺りもいろいろな本で触れられているし、詳しく書くと理論書的になるのでざっと触れておくだけにしましょう。

各モードには、固有の雰囲気や個性があります。ピアノがあれば、白い鍵盤を弾くだけで比較ができるので、各モードを聴き比べてみてください。

各モードの雰囲気を把握するための練習をする時には、そのモードから成立するコードを使ったコード・パターンを使用すると分かりやすいでしょう。こういう繰り返しのコード・パターンを「Vamp」といいます。もしコードを弾くのが難しい時は、左手で低音を押以上のうち、Locrianは単独で使われることはほとんどない。

LocrianのCm7(♭5)コードはA♭7やE♭m6の代理和音で、そういう使われ方が多い。

次に実際、「気分」に浸れる方法もある。
①〜⑦のチャーチ・モードをダイアトニックの転回形という形に戻す。以下がそうだ。
そしてその右にそのスケールのフィーリングを体験するためのヴァンプと言われるコード進行が書いてあります。皆様、スケールを理解するためにヴァンプと呼ばれる小単位のコード進行をゆっくりと弾きながら、試してください。

↔……行ったり来たりしながら音階をマスターする。

① C Ionian

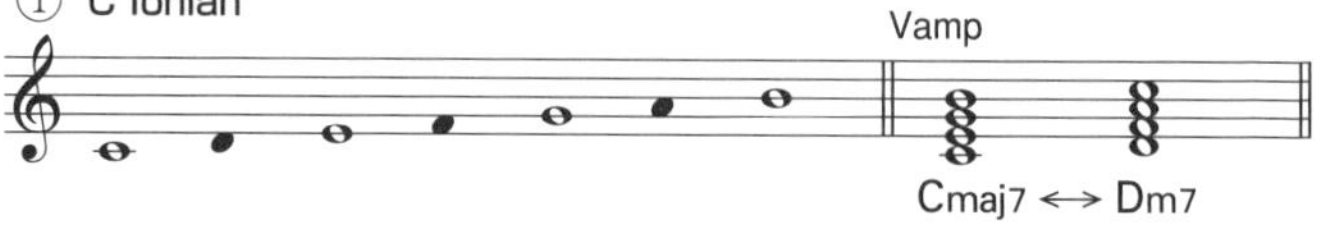

Vamp

Cmaj7 ↔ Dm7

② D Dorian

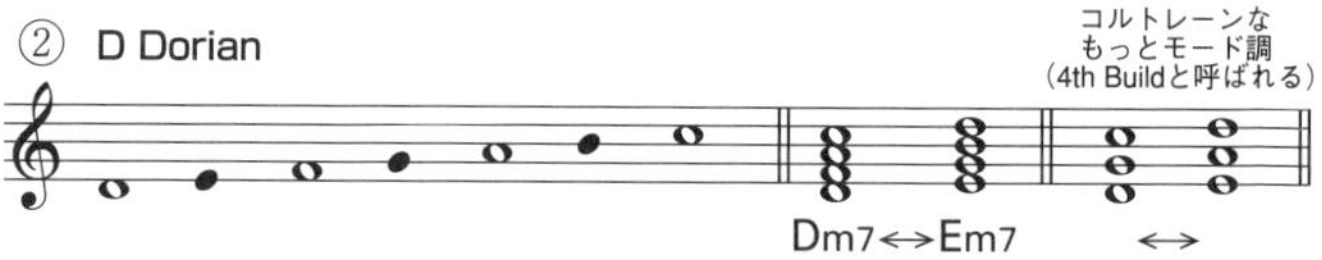

コルトレーンなもっとモード調(4th Buildと呼ばれる)

Dm7↔Em7 ↔

③ E Phrygian

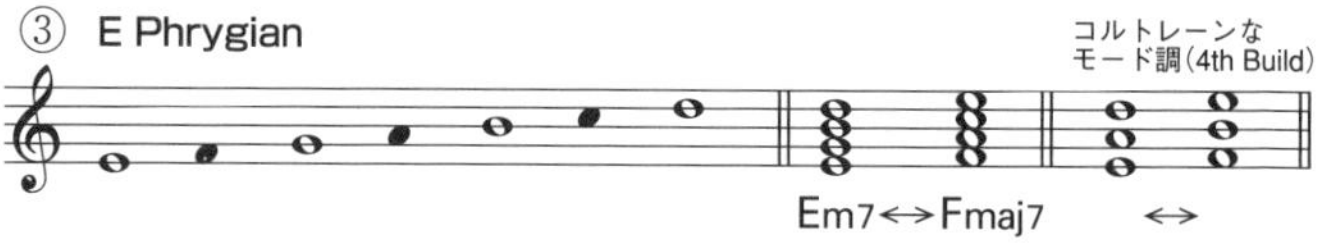

コルトレーンなモード調(4th Build)

Em7↔Fmaj7 ↔

④ F Lydian

ベースに合わせて自由にインプロヴァイズしてみる。

⑤ G Mixolydian

モード調

G7↔G7sus4 ↔

⑥ A Aeolian

ベースに合わせて自由にインプロヴァイズしてみる。

※ロクリアンは単独で使用することがないので、ここでは省略します。

**●譜面3**

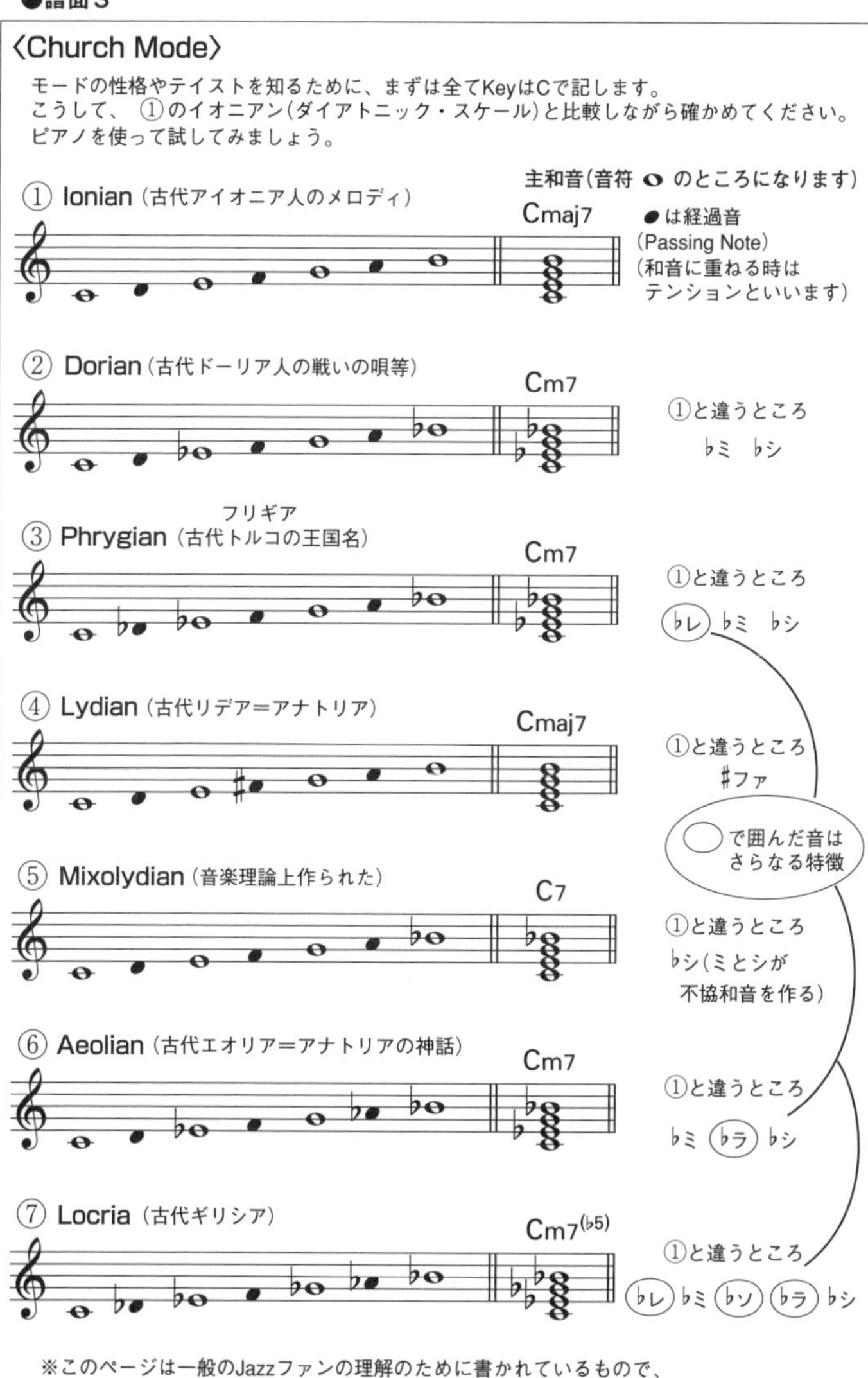
〈Church Mode〉

モードの性格やテイストを知るために、まずは全てKeyはCで記します。

こうして、①のイオニアン(ダイアトニック・スケール)と比較しながら確かめてください。

ピアノを使って試してみましょう。

主和音(音符 のところになります)
① Ionian (古代アイオニア人のメロディ)
Cmaj7
は経過音
(Passing Note)
(和音に重ねる時は
テンションといいます)
② Dorian (古代ドーリア人の戦いの唄等)
Cm7
①と違うところ
♭ミ ♭シ
フリギア
③ Phrygian (古代トルコの王国名)
Cm7
①と違うところ
♭レ ♭ミ ♭シ
④ Lydian (古代リデア=アナトリア)
Cmaj7
①と違うところ
♯ファ
で囲んだ音は
さらなる特徴
⑤ Mixolydian (音楽理論上作られた)
C7
①と違うところ
♭シ(ミとシが
不協和音を作る)
⑥ Aeolian (古代エオリア=アナトリアの神話)
Cm7
①と違うところ
♭ミ ♭ラ ♭シ
⑦ Locria (古代ギリシア)
Cm7(♭5)
①と違うところ
♭レ ♭ミ ♭ソ ♭ラ ♭シ
※このページは一般のJazzファンの理解のために書かれているもので、
ミュージシャンのための説明ではありません。

さえるだけでも、充分に雰囲気を捉えることはできます。

◎イオニアン

||: Cmaj7 – Dm7/G :||

◎ドリアン

||: Dm7 – Em7 :|| or ||: Dm7 – G7 :||

◎フリジアン

||: Em7 – Fmaj7 :||

◎リディアン

Fmaj7（♯11）のみ、またはベース・オスティナート

◎ミクソリディアン

||: G7sus4（F/G）– G7 :||

◎エオリアン

||: Am7 − Fmaj7 :||

ロクリアンはそれ自体安定した響きではないことと、V7の代理と考えられるので、実際の例に乏しいため割愛します。

これらをグレゴリアン・モードと呼ぶ時もありますが、ひとつひとつの名称はローマ時代の地名から来ているものがほとんど。イオニア地方のメロディ。ドリア人の軍歌（ドリアって食べ物もあるよね）。フリージア地方（フリギア／古代トルコ）のメロディ。ミクソリディアンは造語。エオリアンはエオリア人のメロディ。ってな具合です。

昔は特性音＝キャラクタリスティック・ノートと呼ばれる音が、そのモードの特徴を表わすとされていましたが、今では古い考え方です。何が基準でそのモードの特徴だといっているのか、分からないよね。古めの理論書では、マイナー系（短調）のスケールはエオリアン（＝ナチュラル・マイナー・スケール）が基準と書かれていますが、その人が育った文化によってはドリアンの方が自然に聴こえる人もいれば、メロディック・マイナーが普通に聴こえる人もいます（注4）。日本人にはエオリアンが基準に聴こえる人が多いと思うけど、アメリカではそういう人は少数派なのです。僕もドリアン人です。今日では日本でもドリアンな人が多いと思います。

また、同じモードでも「コード・スケール」として捉えると、そのスケールのハーモニーを妨げる音という意味での「アヴォイド・ノート」が設定されています。このアヴォイド・ノートとキャラクタリスティック・ノートは全く同じ音です。これらが考えられた時代は、「シンプルなCmaj7に4th（ファ）の音をちょっと入れて使う」とか、今日では普通になってる表現もまだ不協和とされる時代でした。いまだに学校で教えるところが多いですが、憶えても意味ありません。例えばボブ・ディランの1960年代の名曲「Blowin' In The Wind（風に吹かれて）」なんて、トニックのコードにアヴォイド・ノートの11thの音を、冒頭からガンガン弾いています。実際の曲で使われていて、既に多くの人に受け入れられているのに、その音にバツを付ける理論を勉強するなんてナンセンスだよね。

## ◆モード・ジャズの構造的な特徴

現在となってはモード・ジャズの曲とそうでない曲を区別するのに意味はありません。僕個人としてはモードも死語に近いと思ってます。モードというと1960年代のコンセプトですから（注5）、仮に新しい手法のような気がしたとしても、コルトレーンやマッコイ・タイナーに回帰します。マッコイの流れはマルグリュー・ミラー（p）に至るまでどんどん新しい個性が出現しましたが、現在では全てが出揃い、コンバインし、何でもありの時代です。プレイヤーであってもモードであるかどうかは気にする必要がないと思います。だけど、構造上の違いを知ることで鑑賞が楽しくなり、ジャズの歴史も分かりやすくなります。もう一度簡単におさらいしてみましょう。

モードの特徴は、①ドミナント・モーションによる解決を主流としない、②トニック的なコードが複数あり調性が断定できない（そういう楽曲も多い）、③4th Buildやペンタトニック・スケールによるハーモニー、④平行移動和音、などです。こういった特徴を持っているとモード的な感覚を持った曲として書かれたことが推測できます。さらに、モーダルなハーモニーとしてVm7も出てきます。1960年代以降のポップスではVm7は常識ですが、なぜか日本の理論書には出てきません。

モードの曲といっても、「So What」や「Impressions」のようなコードが動かないものはそれほど多くはありません（この2曲の場合はドリアン・モードのみで構成されています）。特にウェイン・ショーターやハービー・ハンコックの書くモード曲はコード進行がありますし、ミュージシャン以外にはどこが特異な点なのか分かりづらいと思います。そういう意味でも「モード・ジャズ」ではなく、「印象派的なジャズ」という呼び方で定着していた方が誤解がなかったのかもしれませんね。

モードのウタモノとして代表的なハービー・ハンコックの「Dolphin Dance」を考えてみましょう（譜面4参照）。E♭のキーで書かれているように見えますが、ワン・キー（ひとつのKey）ではないので、転調したキーや雰囲気をしっかりと理解する必要があります。ちゃんとドミナント・モーションもあるし、曲の頭から最後まで、全てがモード的というわけではないのです。

ちょっと意外に思うかもしれませんが、「Cantaloupe Island」なんかも、広義のモード・ジャズです。ブルース的に演奏するとブルースっぽく聴こえてしまうし、そのコード・プログレッションはシンプルではあるけど、ノンファンクショナル（非機能的）な感じもします。キーはFmで、Fm7からD♭7はブルースの常套句的コード進行でブルージーですが、次に出てくるDm7はドリアン・モードなものです。１９６０年代の半ばになるとジャズ・シーンは「モード＋Funky」なテイストが目立ってきます。

モードの曲に付けてあるコードは、作曲者が付けたものであっても便宜上書いただけという場合もあります。例えば、「Nefertiti」の最初のコードはA♭maj7（♯11）って書いてあるけど、B♭13/A♭なサウンドを出さない限りは、あの雰囲気になりません。コードは演奏しやすいようにシンボルとして書いているだけで、その音を出さなければならないという指示ではないのです。

１９５０年代までの曲は、例外ももちろん多いけど、「メロディにコード進行を付ける」、または「コード進行にメロディを乗せる」というのがポピュラー音楽の作曲に多く見られる方法でした。ところが、モードなウタモノの曲ではメロディとコードが分化できないも

●譜面4

by Herbie Hancock

のが結構あります。この辺りも曲作りの方法がクラシック的、ラヴェル的になったということがいえるでしょう。

そして、演奏の印象でもジャズの雰囲気は大きく変わります。マッコイ・タイナーは、コルトレーンのバンドを離れるとモード的ではない曲も作りましたが、彼の演奏そのものが持つ雰囲気がモードなのです。モードの雰囲気を持つ曲だけど、分析してみると、実はモードではない普通のコード進行であったりする場合があります。ミュージシャンですら採譜しないことには断定できないものです。そして当時は、譜面が出回ることもほとんどなかったので、ほとんどの人は彼が何をやっているか分からなかったのです。

## ◆メモリー帳

1980年代に入るまで、スタンダードやジャズ・チューンをまとめた楽譜などは売っていなかったので、それまでのミュージシャンは「メモリー帳」という楽譜集を自分で手書きしていました。レコードを聴いて、有名曲の譜面を自分で採譜するわけですね。人のメモリー帳を見ることは御法度で(笑)、それがバレたらもうこの世界ではやっていけない……、ほど恥ずかしい……という感じでした。だから、特にピアニストやギタリストならば、レコードを聴いてコードを取れる人しかプロに成れなかったのです。

そういう時代なので、他のミュージシャンとコード進行の答え合わせができるのは、誰かのバンドに入って打ち合わせをする時が初めてというのが普通でした。だから、セッション的に集められたバンドだと、ピアノとベースとギターが違うコードを弾いてしまうことも多かったですね。もちろん、それはその場で演奏しながら、お互いに耳を使ってイニシアチブを持っている方に歩み寄りをするわけです。

コード・チェンジを持つモード曲が出て来た1960年代初期は、分数コードもあまり一般的ではなかったので、当時のミュージシャンはプロであってもマイルスが何をやっているかよく分かっていない人も多かったそうです。

それに比べると今は、ほとんどの曲が譜面になっていてお店で買えるわけだから、ジャズの標準的なコードの弾き方が分からないという人は、アマチュアでも少なくなりました。でも、その楽譜集だって、曲を書いた人が提供しているものではありません。誰かがレコードからコピーしてコードを付けていることが多いので、間違っている場合もあります。プロのミュージシャンでさえ楽譜集に載っているコードを弾いてレコードを作っていて、オリジナルの作曲者とは全く違う曲想になってしまっていることもあります。それはちょっとクールじゃないなあ〜と僕は思うけどね。モーツァルトを実際に聴いたことがある現代人はいないんだから、楽譜から誤解も含んで生まれる音楽というのも、結果が良ければアリかもしれませんけどね。

## ◆ポップスやロックへの影響

モード・ジャズがポップスの世界に及ぼした影響についても紹介しておきましょう。分かりやすいのは、前にもちょっと書きましたが、Vm7が一般的に使われるようになったことです。日本の理論書では、いまだに「ドミナントであるVのコードはV7になる」というのが当然のように書いてあったりします。1950年代まではだったらそういう傾向があったのは理解できるけど、1960年代以降のポピュラー音楽でVm7が当たり前に使われていることを踏まえると、不思議です。

例えば、超有名曲ではビートルズの「Norwegian Wood（ノルウェーの森）」をジャズ的に演奏するひとつの方法として、キーがE♭の時はVm7であるB♭m7、またはその転回形のA♭/B♭を使用したVampがこの曲らしい雰囲気を出します。これは、実はハービー・ハンコックの「Dolphin Dance」の1、2小節目と同じ響きです。「Dolphin Dance」はキーがE♭で、2小節目がD♭/E♭だけど、Vm7であるB♭m7の代理コードです。マイルスやハービーが愛用したVm7のサウンドが、その後にポップスのフィールドまで広がっていったのです。

コード進行の面では、もっと分かりやすい影響もあります。サイクル・オブ5thというコードの動きを使うと、ドミナント・モーションと同じになります。だったら、4度進行

を反転させたらいいじゃないかということで、「コントラリー・モーション」と呼ばれる進行も多く作られていきます。コントラリーは「反対」という意味ですね。それがポップスやロックでツー・ファイヴではないコード進行として広がり、1970年代くらいにはわざわざコントラリー・モーションという必要がなくなるほどポピュラーになります。1970年代末のロック・バンド、ポリスのアンディ・サマーズ（89）の楽曲ではよく聴くことができます。

ノン・ファンクショナル・コード・プログレッションというのも、モードの時代で顕著になっていきます。ファンクショナル（機能的）なコード進行ではないという意味では、コントラリー・モーションなんかもこれに含まれるんだけど、コード進行に特に解決を求めず、ランダム的な進行をします。この場合、進行しやすいとか進行しにくいとかの感覚的な問題が最優先されます。本来音楽とはそういうものだと思うけど、音楽教育を受けているとアカデミズムが優先されてしまい、このことがボヤケてしまいます。ついでにいっておきますが、音楽は感覚でしかできない、ということです。

## ◆モード・ジャズからの理論的な革新

モード・ジャズの時代に前後して、モードが導入されたこと以外にも、ジャズでは理論的に重要な革新がありました。それは、メロディック・マイナー・スケールの上行形やハーモニック・マイナー・スケールの転回形が多く使われ始めたことです。実はこれは20世紀の初頭のクラシック界では普通に使用されています。1940年代以降のポピュラーにも多く聴くことができ、実はジャズではビバップ以前から当然使われています。しかし些細な部分でもあるので、聴き逃してしまいがちであったのでしょう。日本の某理論書にも40年前にはその記述があるものの、実践と結び付かないでいた時期は長いと思います。

例えば、ビル・エヴァンスのプレイにはよく見られますが、m7♭5のコードに、9thのテンションが入っていることがあります。本来ロクリアン・スケールには9thはありません。これはメロディック・マイナーの転回形6番目にできるAeolian lowered 5th（一般的にはロクリアン・レイズド9thということも多い）によるハーモニーになるわけです。

メロディック・マイナーの転回形で7つ（この中にはジャズに多く使われるオルタード・ドミナント7thスケール、リディアン・ドミナント7thスケールも含まれます）、ハーモニック・マイナーの転回形で7つ（よく見掛けるHP5も含まれます）、ダイアトニック・スケールの転回形（グレゴリアン・モード＝教会旋法）で7つの、合計21個のスケールが7つの構成音でできたスケールの全てということになります。譜面5はメロディック・マイナーとハーモニック・マイナーの転回形です。

この他には5つの音で構成されるペンタトニック・スケールとその転回形で5つのスケ

ールもあります。コンビネーション・スケールといって2つのコードから成るスケールもあります。Daug/Caugで構成音6つのホールトーン・スケール。C♯dim/Cdim、またはDdim/Cdimでできる構成音8つのコンビネーション・ディミニッシュト・スケールがあります。

我々日本人がエアオリアン的だと書きましたが、地中海沿岸部の国の出身の人などはメロディック・マイナーや、トニックがマイナーmaj7が普通の感覚をしています。ナショナリティや人種によってよく使うサウンドも違ってくるので、「標準の理論」というのは狭義的になります。おまけに、コードの内容が気持ち良く認識できる音域は限られていて、わずか3オクターヴよりも狭い範囲内での出来事をああだこうだと理論しちゃってるわけですね。どの音域にも理論が当てはまるわけではないのです。

「日本では」といういい方はあまりしたくないけど、このようなコードは1960年代から頻繁に使われていたのに、日本ではほとんど理論の教育としては取り上げられませんでした。日本で一般に認知されるようになったのは、ブラッド・メルドーが登場して以降、1990年代になってからの話。日本の音楽理論は戦前から続く伝統があるので、アメリカ式を取り入れづらいという事情があったのかもしれません。中国や韓国や近隣の国では、まだ音楽教育の歴史が深くはないのでむしろアメリカと同じ新しい理論が入ってきています。日本ではいまだにアヴェイラブル・ノート・スケールなどの古い理論が中心ですね。コルトレーンのペンタトニックや4th Buildの方法論も充分ではないようです。でもこれらは、教育上での問題です。実際は演奏できれば良いのです。でも少しでもカッコ良く、フレッシュな感覚で演奏したい場合は、こういう理論もレシピと同じで知らない料理作りのギミックになるのですから、貪欲な人は勉強します。勉強というより「夢中になる」って感じなのかな。

1980年代の後半まではジャズは目に見えて発展、インプルーヴしてきました。モード、モードやバップを起点とした新主流派、ジャズ・ロック、クロスオーヴァー、フュージョンなどです。

ミュージシャンたちは、世代ごとにリアルタイムでそれを経験し、表現してきました。世代によってやろうとする音楽が違ってきたり、またジャンル的に広がったせいで、逆に若い世代であっても伝統的なジャズを表現していくプレイヤーもたくさんいます。次々と音楽が生まれるようになり、そのために理論が付いていけなくなり、現在の音楽状況を説明している本や理論書はほとんど見受けられません。僕が知る限りの話ですが。

ジェネレーションの違いによるエピソードとして、かつて練習をよく一緒にやったギターのプレイヤーのマイク・スターンのことも紹介しておきましょう。1980年代にマイルスのバンドで活躍したマイクだけど、マイルス・バンドへ参加した頃はマイルスの1950年代のレコードや音楽についてはそれほど詳しくなかったようです。ある時、マイクが得意とするスタンダード・ナンバーの「Autumn Leaves」を練習しました。彼はバーク

●譜面5

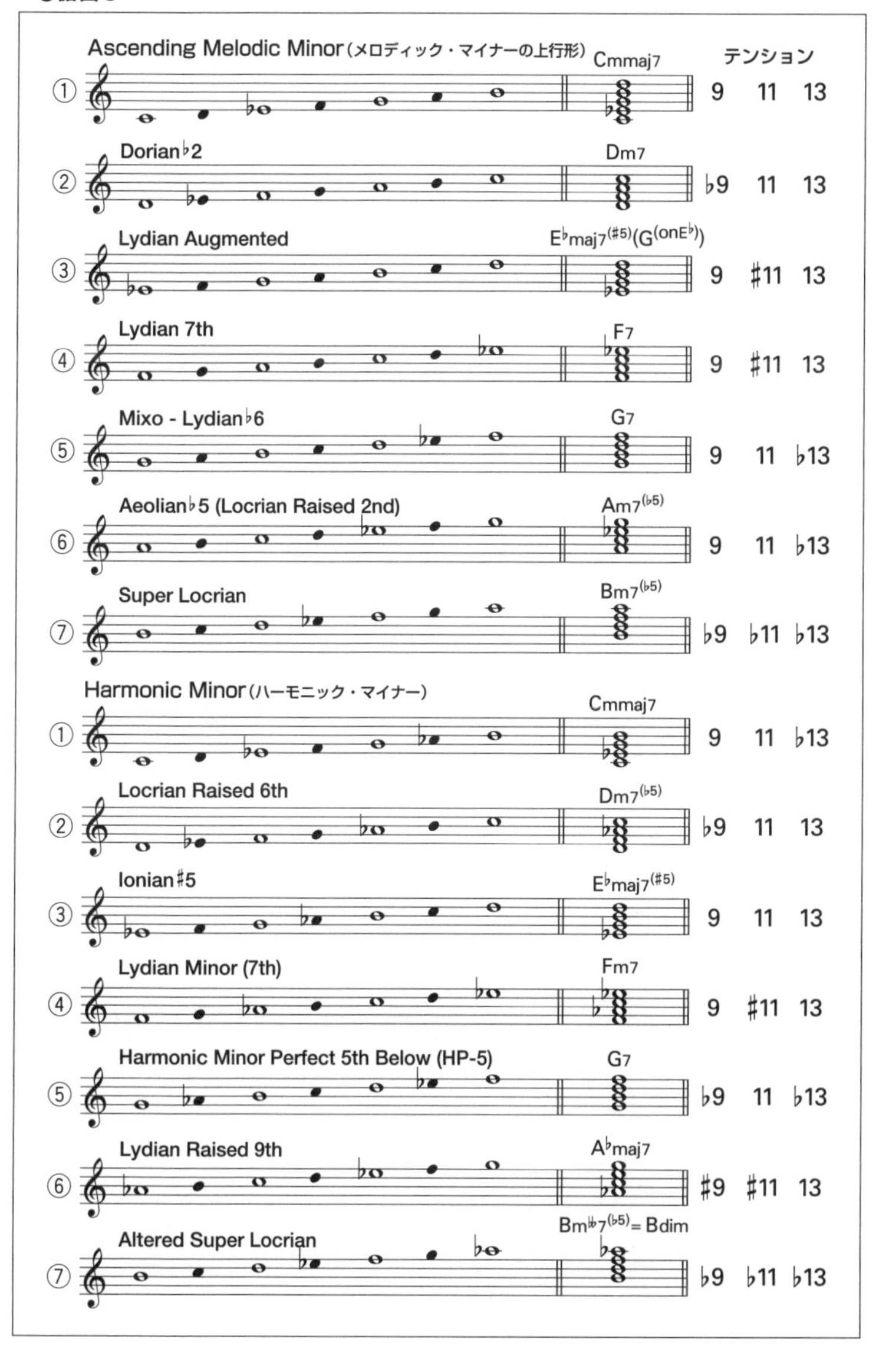
Ascending Melodic Minor (メロディック・マイナーの上行形)
テンション
① Cmmaj7 9 11 13
② Dorian♭2 Dm7 ♭9 11 13
③ Lydian Augmented E♭maj7(♯5)(G(onE♭)) 9 ♯11 13
④ Lydian 7th F7 9 ♯11 13
⑤ Mixo - Lydian♭6 G7 9 11 ♭13
⑥ Aeolian♭5 (Locrian Raised 2nd) Am7(♭5) 9 11 ♭13
⑦ Super Locrian Bm7(♭5) ♭9 ♭11 ♭13
Harmonic Minor (ハーモニック・マイナー)
① Cmmaj7 9 11 ♭13
② Locrian Raised 6th Dm7(♭5) ♭9 11 13
③ Ionian♯5 E♭maj7(♯5) 9 11 13
④ Lydian Minor (7th) Fm7 9 ♯11 13
⑤ Harmonic Minor Perfect 5th Below (HP-5) G7 ♭9 11 ♭13
⑥ Lydian Raised 9th A♭maj7 ♯9 ♯11 13
⑦ Altered Super Locrian Bm♭♭7(♭5) = Bdim ♭9 ♭11 ♭13

リー出身だし、その当時はボストンでしか売っていなかった曲集『Real Book』（注6）をよく使ってたんだけど、そこに載ってる「Autumn Leaves」のキーはEマイナーで、それは原曲と同じです。通常のジャズ・プレイヤー、特に日本ではキャノンボール・アダレイの『Somethin' Else』の名ヴァージョンや、マイルスの他のヴァージョンと同じGマイナーで演奏します。だからマイクがAm7（Eマイナー・キーでの最初のコード）から始めたのでびっくりして、「Gマイナー（キー）でやらないの?」と聞いたのですが、彼はマイルス・キーを知りませんでした。もちろんどのキーでやろうが全く自由なんですが、「マイルス・バンドにいるのにマイルス・キー知らないんだな」と思いました。当時のマイルス・バンドは当然そんなスタンダードをやるバンドではないので、逆にマイクがマイルスの過去の音楽をすごくよく知っていたら、あれほど斬新でその時代を作る音楽をクリエイトはできなかったでしょう。マイルスはそこまで分かって人選していますから。

## ◆マイルスのジーンズ

ジャズの歴史上では、1960年代後半にマイルスがジーンズでステージに立ったというのも、実はセンセーショナルでした。本来のアメリカの服飾感覚では、ジーンズというのは普段着ではなくて作業着です。洋服に関する感覚がアメリカと日本ではだいぶ違っていて、日本は清潔で綺麗ならばOK、カッコ良ければOKという場所が多いけど、アメリカではTPOに合わせたドレス・コードがわりと厳格にあります、特にミュージシャンに対しては。

日本の感覚ならばブランドもののお洒落なジーンズを履いてカッコ良い服装をしていれば日本のホテルのカフェには行けますが、そのつもりでNYのプラザ・ホテルに行くと、ドレス・コードがあり断られてしまいます。「要ジャケット」とあるレストランであれば、たとえ安物だったとしても、ジャケットを着ていれば入れますし、着てない時にはジャケットを貸してもくれます。

ミュージシャンにとってのよくあるドレス・コードですが、もし「ブラック・タイで」といわれたら、それは正しくはタキシードを意味します。それが仕事だったら、着ていなければステージに立てません。擬似タキシードというのもあって、上下黒のスーツに白いワイシャツに黒い蝶ネクタイ、礼服に蝶ネクタイみたいな感じですが、これがぎりぎりです。でもかっこいいとはいえないよね。

タキシードは、本当は夜会服。昼間は燕尾服が正式。昔のジャズマンはスーツの他にこれらを必ず持っていてTPOや仕事で着こなしていました。今よりも厳格な時代のそんな環境の中で、マイルスのようにジーンズでステージに立てるということは、誰にも文句をいわれないくらいステイタスが高いことの証明でもあります。新しい時代の新しい音楽家にとって、音楽とともにその時代のファッションも反映させたカジュアルな服装でステージに立つことができることが、お洒落で高いステイタスであったのです。

## ◆新しさを外部に求める時代へ

モードの時代には、その後にポピュラー音楽が発展するための、構造的なアイディアはほとんど出揃ったといえます。五線譜で書き表せる音楽的な特徴というのは、おおよそこの時点から現在まで変わっていないのです。そのあとはジャズ・ロック、クロスオーヴァー、フュージョンへと発展します。他の要素として、異文化のリズムやメロディのセンスを取り込んでいくことと、楽器の発明や発達（具体的にはエレクトリック楽器ですね）で、今までなかった音色が聴いたこともないイメージを演出することで音楽を大きく動かしていきます。

ジャズは、ジャズから生まれたロックを取り込み、どんどん新しい表現を可能にしていきます。そして、ソウルやR&Bとの融合や、エスニックな音楽、中東の音楽、南米のラテン、サンバ、ボサ・ノヴァや、アフリカン・ミュージックなどと融合することでアイディアを膨らませ、進化を続けていきます。

**注1**：ギル・エヴァンスがＮＹに移り住んだ時期……文献によっては１９４６年とされているものもあるが、ここでは著者が直接聞いた本人談を採用する。

**注2**：『Improvising Jazz』……サックス奏者のジェリー・コカーが書いたジャズ教育初期のテキスト。翻訳され日本でも『ジャズ・アドリブ入門』（音楽之友社）として１９６５年に出版された。

**注3**：『Miles : The Autobiography』……マイルス・デイヴィスとクインシー・トゥループの共著で１９８９年に刊行された。中山康樹氏が翻訳し、『マイルス・デイヴィス自伝』（シンコーミュージック）として日本語版も出ている。

**注4**：マイナー・スケール……トニックからの音程が［全－半－全－全－半－全－全］の間隔で構成されるナチュラル・マイナー・スケールに対し、トニックからの音程が［全－半－全－全－全－全－半］となるのがメロディック・マイナー・スケール、さらにトニックからの音程が［全－半－全－全－半－1.5（全＋半）－半］となるのがハーモニック・マイナー・スケール。

**注5**：１９６０年代、モードはフランス語で服飾ファッションや流行のことで、新しい感覚を指す意味で様々なジャンルに使われた。旋法だけでなく、当時としては〝新しい〟という意味も込められた時代背景のある言葉である。

**注6**：『Real Book』……元々はポール・ブレイとスティーヴ・スワロー、チック・コリアらがジャム・セッションやインプロビゼーションの練習のために有名曲を採譜しまとめたもの。その後、出版社のハル・レナードが清書・整理して２００４年に販売。

◀盟友であるハービー・S(中央) とトミー・キャンベル (右) とのワンショット。2014年、NYのジンクバーにて。

第4章

# エスニシティとジャズ

## ◆民族、文化の融合でジャズは生まれた

伝統的なサウンドのジャズはそれ自体がアメリカという国の成り立ちに等しく、アフリカン－アメリカンの人たちや、ナショナリティを異にするアメリカ人たちの文化から出てきました。ブルースやゴスペル・フィーリングを含むトラディショナルなジャズは、ビバップ、ハード・バップ、モード、Late 60'sのブルーノートのアーティストを中心とした新主流派、クロスオーヴァー、ファンク、フュージョンへと変化し、ヴァリエーションを広げてきました。元々トラディショナルなジャズにはスウィングの他にラテンやボレロなどのリズムのヴァリエーションがあり、アレンジも様々でした。それはダンス・ミュージックから始まっているからです。新しいものを生み出すのもジャズ、新しいものに飛び付くのもジャズでした。

１９６０年代初頭に流行ったボサ・ノヴァも、創始者ともいえるジョビンも含めて早々とジャズに取り込まれました。『Getz / Gilberto』（注1）や、ハービー・マン（flute）の『Do The Bossa Nova』で有名ですね。

１９５０年代にジャズから独立してできたようなロックがジャズに帰った形でジャズ・ロックやブーガルーができ、アフロ、アフロ・キューバンなどのリズムも多用されるよう

になります。１９７０年代には、さらにファンクやフュージョンへと発展します。また、別な視点ではモーダル・ハーモニーはビル・エヴァンスの出現でその可能性が大きく広がり、ハービー・ハンコック、チック・コリア、ジョー・ザビヌルなどによってさらに現代的な音楽へと推し進められました。１９６０年代のジャズのその後の発展は、いい換えれば、各国の民族音楽やリズムを取り入れたり、また時代とともに生み出されていったエレクトリック楽器、ギター、エレクトリック・ベース、シンセサイザー、サンプラーなど、それまでの楽器にはなかった音色を取り入れたりすることで新しいイメージを生み、その内容は恋物語から宇宙までと、その表現範囲が広がっていったわけです。

そんな風にジャズやアメリカ音楽の流れを見てみると、最初は異文化の融合から成っていたアメリカ音楽は、１９４０年代、１９５０年代、１９６０年代と時代を追うごとにエスニシティを取り入れていきます。特にリズムですね。アメリカは元々が移民の国だから、様々な民族や文化によって支えられています。

例えば作曲家フォスターに代表されるフォーク・ダンスやカントリーの源流であるブルーグラスの起源は東ヨーロッパの移民の人たちから出てきたセンスであります。ブルースはそんな東ヨーロッパのセンスなブルーグラスとアフリカンの融合だし、バプティスト・チャーチにおけるブラック・ゴスペル・ソングは賛美歌とアフリカンなフィールの融合です。

ジャズの故郷ニューオリンズはクレオールの土地。フランス領の植民地で生まれ育ったものをフランス語でクレオールといいますが、ジャズは当初、クレオール料理に並んでクレオール・ミュージックとも呼ばれていました。マーチングに近いものと、フレンチなフィドル（ヴァイオリン）が使われる（ブルーグラスが融合した）ものなどが原型です。そういった音楽を簡易な楽器編成で（例えば弾き語りですね）、引き継いでプロテスト・ソングとして成立していったものがブルースです。ルイジアナ州のニューオリンズ、テキサス、ミシシッピを中心とした辺りには様々な音楽の起源があり、今でもそのルーツを感じ取ることができます。

アメリカ国内で使われる楽器の起源もバラバラです。バンジョーはアフリカのリュート系民族楽器が元になっているので、カントリーよりも初期のジャズに使われていた歴史を理解できます。リュート系ということでは、ブルガリアの方でも同じような楽器があり、もうちょっと東に行くとバラライカのような楽器になります。シルクロードを東にたどれば琵琶になります。カントリー系フォーク・ダンスで着ているボレロなど、刺繍のセンスも含めてブルガリアや東ヨーロッパの辺りから来ています。この辺りを書き出すときりがなくなってくるし、諸説あるのでほどほどにしておきます。

ギターはリュートを先祖としてスペインから来たものですが、発展したのはイタリアです。スパニッシュ・ギターをストラディバリの工房で作り始め、現在のクラシック・ギタ

ーの源流ができますが、ジャズでよく使われているようなタイプのギターは、スペイン系の作りではなくて、イタリアのストラディバリを代表とする、ヴァイオリン属に近い構造を持っています。イタリアからの移民がギターを作り始めたわけです。f字型の穴を持ち、表面がヴァイオリンのようなアーチ構造のギターは、当時靴屋だったミシガン州カラマズーのオーヴィル・ギブソンによって発明されたといいます。管楽器はヨーロッパのクラシック音楽から来ているし、ドラム・セットは前にも書いた通りアフリカンなパーカッション、南米のパーカッション、ヨーロッパのマーチングの融合です。これらの楽器が集まってひとつのバンドをやっているのですから、マルチ・カルチャーの塊というわけですね。

## ◆ブルース、ゴスペル、スウィング

ブルースとゴスペルについては、日本では市場の名称に終始しているので、現地的にはどうなのか考えてみましょう。この場合はどちらもアメリカンなものなので、エスニックではありません。文化的背景として知っておいた方がジャズについても分かりやすくなると思います。

僕は偉大なるドラマー、ジョー・ジョーンズJr.と7年間一緒に演奏させていただきました。彼の父親は、カウント・ベイシーのドラマーとして有名な歴史的ドラマー、パパ・ジョー・ジョーンズです。なんとゴッドマザーはビリー・ホリデイです。ジョーは18歳の時にローチ／ブラウンのマックス・ローチのトラ（ピンチヒッター）でデビューしたそうです。当時は「Jonathan Jones」「ＪｏＪｏ」とも呼ばれていました。１９９１年頃のある時、病院にあの有名なニカ男爵夫人が2度ほどいらしてお話をさせてもらう機会もありましたが、ＪｏＪｏの長い入院期間の間に、お見舞いに来た彼女の方が先に亡くなってしまいました。ジャズの支援者として有名なニカさんは、ずっとジャズのことを追い掛けていたようで、ミュージシャンたちと交流を続けていたそうです。「ジョーがいっていたファンシーなギターを弾く日本人って、あなたのことね」といわれて、とても嬉しかったものです。

ジョーからは、入院中にスウィングする方法、スウィングの歴史など、様々な話を聞きました。ある時、ブルース（ジャズではなくてもっとブルースな感じ）を練習していると、病院にいるジョーから電話がかかってきて、話しながら「何弾いてたんだ?」と。これこれといってブルースを弾く……僕は真似っこな感じに聴こえるだろうな、叱られるかも、と思いながらプレイしたのね。そうしたら「続けて……、なんだ弾けるんじゃねえか……今からこっちへ来い!」ってなことで病院へ行き、レクチャーを受けました。ジョーは、「ブルースは黒人の声帯から生まれるものだ」といっていました。「でも音楽になったブルースはソウルだよ。ソウルは誰にでもあるからな」とも。

ブルースはまずプロテスト・ソングであるといわれます。奴隷時代の救いのないプロテストが元になっているとも……。ある時、僕がハーレムで演奏していると、観客に「おまえはコットン摘みをやったことがあるのか?」といわれたことがあります。コットン摘みは奴隷時代の南部の黒人の一般的な仕事です。奴隷時代の話だから、ステレオ・タイプなんて問題にもならない時代ですね。アメリカの大都市にはサーバント（奉公人）や労働者が住まわされたゲットーが郊外、または市内に必ず隣接してあります。NYのハーレムのようなところは大都市には必ずあるのです。そういったところには奴隷時代からの伝統のブラック・ファミリーが住んでいます。バプテスト・チャーチに通い、慎ましやかでハッピーに真面目に生きている人たちが多いのです。英語でいうと「Behave」とか「Polite」といった感じですね。

プロテスト・ソングから様々な発展を遂げたブルースだけど、恋歌やら下品ないい回しやらもいろいろあります。１９７０年代までは、黒人の間ではThief（コソドロ）の音楽ともいわれていて、子供がブルースマンになりたいというとママは泣いて悲しむくらいのものだったそうです。ところが、ゴスペルは神様に捧げる音楽だから、ゴスペルをやっているならば両親は奨励し、自慢の種にもなります。「お前はこの違いが分かるか?」とジョーにいわれました。音楽の構造的なものやフィーリングはブルースと似ているけど、ゴスペルは宗教上の音楽であるから、精神性の違い、言葉、意味、いろいろ違います。そもそもゴスペルは福音書（マタイの福音書など）のことであり、音楽のことではないのです。ちなみにラテン語ではエヴァンゲリオンといいます。音楽の方を指す場合は、正しくはゴスペル・ミュージックといいます。ゴスペル・ミュージックはヨーロッパや北欧にもありますが、今ここで話を進めているのはアフリカン－アメリカン・ゴスペル・ミュージックということになります。今のアメリカでは「アフロ－アメリカン」といういい方を直して「アフリカン－アメリカン」というようになりました。先住民を正式にはもう「インディアン」と呼ばないのと似てるかな。

僕がすごくお世話になったジーン・ガードナーというハーレムのボス的ドラマーの紹介で、スタンリー・タレンタインのバンドで演奏するようになった頃、タレンタイン師が、「You、朝早く起きて教会に来いよ」と……。「ゴスペルをやって修行しろ！」ということだったのでしょう、タレンタイン師がいらっしゃる時は彼のバンドで、チャーチで演奏をしていました。ハンコで押したように同じリズムを繰り返す修行、でも楽しかった!!　僕はこの辺りでグルーヴ感をだいぶ身に付けたような気がしています。タレンタイン師はこの他にもクリスマスなどのイヴェントなどでボランティアで演奏する活動をたくさんしていました。

公的な機関として、黒人文化やジャズの保護と管理を行なっているところがあります。例えばＮＹの市役所の分所として、The Cultural Affair Of New Yorkがあります。そこは市

内の音楽や演劇などの文化活動やイヴェントを主催したり、ミュージシャンを優先的に住まわせる住居や、芸術家にワークショップや住居として廃校になった教室を斡旋、さらにストリート・ミュージシャンへの許可証を発行したりと、文化教育の機関を運営していたりします。その中に、ジャズ・モビールという教室があって、ジャズの歴史やワークショップ（教室ですね）の開催に加え、ジャズ・モビールという名前ですから、トラックを持っていてそこをステージにして街中でパフォーマンスするというのがメインな活動です。

お金がなくて、渡米してから憧れだった音楽学校にはとても入れず、ジャズ・モビールのレクチャー代金は1回で高くても20ドルしないくらいだったので、興味の持てる授業だけ時々受けました。スウィングのこととか、ブルースなメロディのことなどです。音楽学校とは違って、演歌教室って感じ。伝統のスウィング・ギター奏法の基本となるのは主に右手の回し方です。腕を縦に振るのとは違います。ドラマーのブラシのように右手を回転させていくこの技を今では伝える人がいなくなったので、伝誦するために僕はこれまでNY、ホノルル、日本などで希望者に教えてきました（僕もその絶滅危惧種のひとりになってしまいました……）。

この頃のジャズ・モビールはセプテットまではOKな大きさのトラックで、トラックの荷台がパカッと開くとアートブレイキー&ザ・ジャズ・メッセンジャーズが現れて演奏するというのが1980年代前半のNYの名物でした。今では民間の機関になっています。

前述したようにジャズ・モビールの教室の部分は日本でいえば小さな規模の「よみうりカルチャー・センター」な感じでした。内容でいえばあまりスマートな感じではないかもしれないし、生徒のレベルも高くなかった分、なんかファンキーで、日本でいえば演歌教室みたいな……論理じゃなくてコブシを模倣で憶えていくような感じかな。友人のミュージシャンたちは「行ってもレベル低いし、何も学べない!」なんていうもんだから、僕はそこに通っていることをいい出せなくなってしまったのです。だけど、外国人である僕からしたら、スウィングのフィーリング、ブルースのフィーリング、ジャズ語とは何かを感じるには、とても重要な体験になりました。ハーレムは、マンハッタンの中の黒人エスニック街ともいえるかもしれないけど、NYのジャズの故郷です。僕が行った頃はだいぶその色も褪せてきた時代でした。結婚式場になってしまったSavoyでも、僕にとってはそこで結婚パーティー用のバンドの仕事をするだけで、伝統の一部にいられる喜びを感じていました。有名なアポロ・シアターでも何回も演奏しましたが、アポロは、いつも思うけど、コンサート・ホールなんだけど、どこか公民館っぽい感じがします。ハーレムはどこか田舎くさくて……今は洗練された家賃の高い街になって伝統は薄らいでいます。クリントン事務所もあるし、ね。

ジョー・ジョーンズから教えてもらったこと、ジャズ・モビールで習ったことのうち、ジャズの始まりに関する部分があり、それを思い出してみます。クレオールな音楽からダンス音楽となったジャズのリズムは一貫してスウィングでした。スウィングの意味ですが、これは諸説あります。でも僕が教わった話はこうです。日本語のスウィングという言葉のニュアンスやイメージとは違うんだけど、英語でブランコのことをスウィングといいます。スウィングってこれなんです。ブランコの軌道を横から見てください、まさにスウィングですね。スティーヴィー・ワンダーの首振りというかテンポの取り方を思い出してみて。あの感じ。デューク・エリントの手元の動き。みんなスウィングしてます。そしてスウィングのリズムの取り方の源流というか、その動きの元はスウィング・ダンスです。ここから出てきたものにはスウィング・タップ・ダンスがありますが、そのアクセントやグルーヴがジャズのリズムの基本になっています。チャールストンやジャイヴと呼ばれていたものも、基本的に同じアクセントでスウィングです。ベニー・グッドマン楽団が初めてカーネギー・ホールで演奏したことでハイソサエティ入りしたスウィング・ジャズは、ブラックなスウィング・ダンスから社交ダンスのステップも生まれ、スウィング・ダンスと融合し、ダンス・パーティーの新しいスタンダードとなっていきます。

余談ですが……。ロックはスウィングに対してリズムの取り方が違うので生まれた言葉です。角ばったロック（岩）が転がるとガチガチしますね。ガッツー、ガッツー、ガッツー、ガッツー。だから「Rock & Roll」なんです。スウィングのリズムは3連符でスウィングしています。ロックン・ロールはStraight 8thやEven 8thといってフラットな8分音符でできています。ロックはロックン・ロールの略語ですから、全てのロックはロックン・ロールなのです。これも日本語のニュアンスと違うよね。ついでにいうと、4ビートは4拍子という意味ですから、英語ではスウィングといいます。8ビートはロックなど、16ビートはファンクと呼びます。このように言葉や呼び名自体が違うものはたくさんあります。僕はアメリカに行った頃、カタカナで憶えていたためにこの辺りは全く通じてないし、僕の方も英語の呼び名が全然分かっていなかったのです。

前置きがすごく長くなったけど、1920年代のアメリカ国内のエスニシティといえば、まずこのような黒人文化があります。しかし、既にこの頃にはアフリカン－アメリカンな人たちの生み出した文化は、イギリスやヨーロッパからの移民の子孫であるプロテスタントの白人たちや、カソリックのイタリア人や南ヨーロッパのラテン民族の人たちが作り上げてきたアメリカン・スタンダードと融合していますから、エスニックとはいえないでしょう。

アメリカはマルチ・カルチャーの国です。マルチ・カルチャーといっても多様な文化が均質にミックスされているわけじゃありません。ヨーロッパからの移民とその子孫が人口の多くを占めるわけだけど、移民をする時には同じ国の出身者が固まって動くのが基本だったようです。まず言葉が通じないしね。そうしないと過酷な開拓時代をサヴァイヴできなかったのかもしれません。だから、近代や現代のアメリカは文化の交流が盛んな地域が

ほとんどですが、出身国や地域の文化を大切に保存しアイデンティティとする地域も多くあります。その多くは地域性（土地柄）にもよります。大きく見たら、本土西海岸、セントラル、東海岸にアラスカ、それからハワイによって成り立ちますから、アメリカは本当に大きい国ですね。

ジャズの世界では、ダンス・ミュージックであったという点から、南米から伝わってきたラテン音楽が、古くから取り入れられました。Chacha（日本では「チャチャチャ」といいます）やマンボ、ルンバなどのリズムが、ダンスを通じてジャズの世界に融合していくこととなるのです。

ラテンで使われるボンゴやコンガは、トルコやアルメニアやシリア、またはイラク辺りが起源で、元々は木を切り抜いた胴ではなく銅でできています。既にオスマントルコの時代には見られますが、現在でもそれは変わっていません。そこから、楽器とリズムが地中海周辺の国々に伝わり、さらに南米に伝わり、20世紀になってアメリカのポピュラー音楽に結び付いていったのです。

19世紀まではいろいろな国の移民の音楽が、独立したものとして存在していたのだから、全部がエスニックともいえるけど、「アメリカのポピュラー音楽」と大雑把に括れば、スウィングの時代にはいろいろな音楽がフュージョンして（混じり合って）できていったといえるでしょう。ラテン・アメリカはそのほとんどがスペイン語圏で、音楽に関してもリズムや使う楽器も共通していることが多く、その音楽の特徴、リズムなども共通しています。南米には英語圏、フランス語圏もわずかにありますが、大国では唯一ポルトガル語圏なのはブラジルで、サンバやショーロ、ボサ・ノヴァなど、ラテン音楽とはリズムも使う楽器も異なります。たった一ヶ国の音楽で、ここまで世界中の人に愛されているのはブラジルだけともいえるでしょう。

## ◆アフロ・キューバン

ジャズが確立して、ビバップからハード・バップの時代になると、今度はダンス音楽としてではない、ラテン音楽に影響を受けたジャズが流行り始めます。特にルンバ（のちにサルサと呼ばれる）が広まり、それを元にしたジャズがアフロ・キューバンと呼ばれるようになったのは、ディジー・ガレスピーが広めたからです。1950年代はアメリカとキューバは、外交的には緊張が高まっていきますが、それ以前からキューバの音楽に興味を持ったガレスピーはジャズに取り入れ、融合させていきます。1960年代、ケネディ大統領の時には、ソビエト連邦とキューバとの三つ巴の超緊張、一触即発、戦争一歩手前まで行きましたが、ソ連が退くことで回避できたのです。その後、国交がなくても、ガレスピーをはじめとするミュージシャンたちはメキシコ経由でキューバに渡り、音楽上の親交

を深めていきました。野球も同じように交流をしていました。歴史の影には音楽やスポーツの助けもあるのです。

また、マックス・ローチ、アート・ブレイキーなどのドラマーが積極的にラテン、つまりキューバン・ミュージックを取り入れます。キューバの音楽やリズムはもちろんラテン音楽ですが、南米のラテン音楽の故郷といっても過言ではありません。サルサというのは現地的には「ルンバ」です。亡命者（エグザイル）とともにその音楽はフロリダから入ってNYまで行くと、いつしか「サルサ」と呼ばれるようになります。これは中村八大、永六輔の「上を向いて歩こう」が「Sukiyaki」になってしまったのと同じです。サルサはサルサ・ソースから来ているのですね。そのルンバがジャズのリズムと融合してできたのがアフロ・キューバンで、ストレートアヘッドのジャズでは現在でもラテンのスタンダードなスタイルです。ラテンの代表みたいな感じなので、ジャズ・ドラマーに「ラテンやろうよ」とか「ボサ・ノヴァやろうよ」といっているのに、アフロ・キューバンのリズムを叩かれてしまうことがありました。さすがに今日この頃にはそういうことがなくなりましたが。音楽的にも地球が小さくなったのです。アフロ・キューバンのリズムはディジー・ガレスピーやアート・ブレイキー&ザ・ジャズ・メッセンジャーズの「A Night In Tunisia」や、ガレスピーの「Manteca」を聴けば、どういうものかすぐ分かります。

ビバップの時期と同じくして創作されたデューク・エリントンの「Caravan」は、元々スロー・テンポの曲で、エキゾチックな雰囲気を強調していました。中東の砂漠を隊商が進んでいくようなイメージでした。自身の楽団でも、たくさんのカヴァーされたヴァージョンでも、だんだんアフロ・キューバンな激しい曲として演奏されるようになりました。シルクロードを往く隊商とキューバンは結び付かない感じがしますよね？ でも西洋人には違うんですね。みなさんも学校で勉強した世界史（西洋史）で実は少しだけその源流を習っています。ラテン・パーカッションの故郷は中東です。コンガやボンゴの胴は元々銅でできています。そしてシンバルの故郷も今のトルコ、ボスポラス海峡周辺です。このことは銅を作る人たちがここから世界に広がり、歴史の根底を作っていくのと重なるのです。「灰かぶり姫の伝説」は彼らとともに世界中に広まりました。今では「シンデレラ」といった方がみんな知ってるよね。Ella（エラ）という子が灰かぶる（Cinder）からシンダー・エラなんです。世界史の裏では、この銅工の移住と大移動がアレキサンダー大王の東方遠征と同じくらい大きく影響しています。鏡や銅鐸なども思い出されますが、シンバルもそういったところが出処なのです。ボンゴやコンガだけではありません。ベリー・ダンサーが手にするタンバリンの大きいものは、ブラジルのサンバの花形のパンデイロの祖先です。この辺りを掘り下げるとウクレレやカバキーニョの先祖や、リュートやギターなどキリがなく、もう1冊分になっちゃうから、この辺りで。

こんな話をした理由に戻るけど、ラテン音楽、ブラジリアンを含めて、その故郷的なと

ころが中東なのです。西洋人にはメソポタミアの遥か昔からエジプトやローマ時代など全て繋がっていて彼らの祖先なのです。僕らの日本史みたいなもの。NYに行ってびっくりしたことのひとつに病院のマークがあります。これは今でもコブラの巻き付いた杖で表します。エジプト時代のシャーマニズムや医学と同じなんだよね。神様も元々彼らの神は同じで「ラー」がいるわけだから、啓典の民っていうじゃない？　イスラムもユダヤ教もキリスト教も神様は同じだし、そういう文化だから、彼らから見たら僕らの文化は全くの異文化なんだよね。だからキャラヴァンがラテンであっても、彼らには「遠く」ではないのです。

このようにして、1950年代になるとどのバンドでもアフロ・キューバンを1曲は必ずやって、長いドラム・ソロも取り入れるようになりました。

アフロ・キューバンの特徴は、「ラテン風だけど、やっぱりジャズ」ということです。アメリカ人から見たキューバ風な音楽であって、本場のキューバ音楽とはかなり違います。というのは、当時は本場のキューバ音楽を聴く機会がなかったからだと思います。でも結果、かっこいいジャズになったんだよね。ここが重要だね。

音楽で「ラテン」とは、スペイン語圏のリズムや音楽のことを指します。南米では、ブラジル以外のほとんどの国がスペイン語圏です。メキシコから南の南米スペイン語の国々はほとんど同じリズムを持っています。文化の違いはありますが、大きく分けてもメキシコのマリアッチ、メキシコから南アメリカ大陸北部に多く分布するフォルクローレ、アルゼンチンのタンゴなどは割と違うといえますが、アクセントとしては同じです。他にソン、ソンゴ、トゥンバオなど数多くあります。コンガやボンゴなどが共通して使われます。タンゴですが、アルゼンチンはかなり南で冬は寒く、よりヨーロッパ的といえる中での発展でしょう。

南米ではブラジルだけがポルトガル語です。ブラジルの音楽であるサンバやショーロでは、土着の楽器を使うこともあるけど、それはポルトガル人が持ってきたスネアやシンバル、その他の楽器の代用になるものを作ったことからできたものです。地理的にはブラジルもラテン・アメリカだけど、言語や音楽性が違うのでラテン音楽とは別にすることが多いですね。英語圏ではジャマイカのレゲエ、バハマのカリプソ、ハイチのようなフランス語圏ではシャンソンがあるけど、やっぱり「ラテン」とは別な感じだよね。今日では僕たちもスペイン語圏とポルトガル語圏の音楽性の違いが分かっても、当時のアメリカ人にはいまひとつ分かりませんでした。まだまだエスニックな音楽としてひとくくりにされていた時代だったのです。

## ◆ストレート8thとボサ・ノヴァ

『キャデラック・レコード』という映画を知ってますか？　ビヨンセがエタ・ジェイムズの役をしている映画。それを観るとブルース、ジャズからロックン・ロールができ、それを白人に盗まれて（いい換えれば、白人にカヴァーされて、だね）、もっと広まるのがロック。という背景がよく分かる映画。１９５０年代に入ってから出現したチャック・ベリーはスウィングなリズムから、ストレート8th的なリズムの先駆者で、ロック・ギターの開祖みたいな人でした。このストレート8thというのは8分音符中心のリズム、3連符のようにスウィングではないリズムのことです。日本では最初は「ロック」といわれるリズムでしたが、8ビートと呼ばれるようになりました（「エイト・ビート」は日本語です）。

１９６０年代に入って、ラテンではなく「ジャズ・ロック」が生まれました。リー・モーガンの「The Sidewinder」がジャズ・ロックの始まりだとよくいわれるけど、今聴くとロックといえるかどうかは微妙だよね。当時はストレート8th（even 8thともいう）なジャズはまだほとんどなくて、ラジカルで革命的であり、新しい音楽と感じたのでした。ジャズから生まれたロックが、今度はジャズへ逆輸入される、そんな感じであったけど、その要因は、時代が既にロックの時代に入っていたからなのです。ジャズ・イコール・ポピュラーの時代は１９５０年代で終わったのです。ジャズにもたらした大きな影響は、自らが産み出したロックのストレート8thのリズムだったのです。

アーマッド・ジャマル（p）の演奏で有名な「Poinciana」という曲があります。これはジヤマルがライヴで演奏したものが大ヒットして有名になったのですが、このリズムが「ラテン・スウィング」で独特のグルーヴでした。ラテン風に叩いているんだけど、スウィングしている。ジャズ・ロック以前は、ラテンであってもちょっとスウィングしちゃってたんだね……。でも、そうしてできたリズム・パターンは画期的で、アメリカで「ポインシアーナ・グルーヴ」といえばこのリズムのことです。それほど一般的であります。

1959年にカンヌ映画祭でパルムドールを受賞した映画『黒いオルフェ』はフランス、ヨーロッパ、アメリカへと、世界に大きな影響を与えました。ギリシャ神話をベースにしたそのストーリーに、リオデジャネイロのカーニヴァルが重なっていきます。この映画によってサンバのカーニヴァルを知った人も多いと思います。この映画音楽を担当したのがルイス・ボンファ（g）で、特に「Samba De Orfeu」と名曲「Manha De Carnaval」は広く世界中でヒットし、ボサ・ノヴァが知れ渡りました。1962年にはジャズ・フルートの大御所ハービー・マンがブラジルのミュージシャンを従えて『Do The Bossa Nova』をリリースし、「One Note Samba」などを含むボサ・ノヴァらしい音楽や、土着なサンバが紹介されました。そこに参加していたのはアントニオ・カルロス・ジョビン（p, g）やバーデン・パウエル（g）などのブラジル代表なメンバーでした。1963年にはいよいよというか、アストラッド・ジルベルトが英語の歌詞を歌う「The Girl From Ipanema」が録音され、その出典である『Getz / Gilberto』が記録的なヒットになり、さらにシングル・カットされ

た「The Girl From Ipanema」は1964年にグラミーも受賞しています。こうなるとボサ・ノヴァはプロデューサーにとってはジャズ・ロック以上に売れ筋な音楽となり、ブームとなっていったのです。

リオデジャネイロで生まれたボサ・ノヴァ。「新しい感覚」という音楽の最初の広がりは1958年にブラジルでヒットしたアントニオ・カルロス・ジョビン作曲、ヴィニシウス・モライス作詞による「Chega De Saudage」からといわれています。音楽は何かの発明物とは違いますから、ビバップの発祥がはっきりしないように、このポテンシャルもそのだいぶ前からあったのだろうと思います。多くのジャズマンがブラジルに渡り、ボサ・ノヴァをアメリカに輸入しました。ジャズそのものが異文化の音楽の融合の歴史であったわけですが、1940年代にジャズが確立されて以来、外国の音楽、そのエスニシティによってジャズが大きく影響を受けたのは初めての事例だったと思います。

話は前後しますが、ジャズマンでこれをいち早く取り入れたのは、ハービー・マンです。彼は1960年以前からブラジルの新しいムーヴメントだったボサ・ノヴァを取り入れようとしていました。アルバム『Do The Bossa Nova』は、ジャズマンとしてエスニックなムードのアメリカ音楽を演奏するのではなく、ハービー・マン自らが現地に乗り込んで録音してきた本格的なブラジリアン・ミュージックでした。トム・ジョビン（アントニオ・カルロス・ジョビンのブラジルでの愛称）がピアノ、ギター、ヴォーカルで参加し、バーデン・パウエルやセルジオ・メンデスなどすごいレジェンダリーなプレイヤーも参加するなど、これによってジャズ界に大きな影響を与えることになったわけです。土着な、アメリカンに加工していないサンバのリズムを聴くこともできる貴重なアルバムでした。

で、『Getz / Gilberto』の「The Girl From Ipanema」はその翌年の制作、そしてリー・モーガンの「The Sidewinder」も1963年録音ですから、時期的には同じ頃のハプニングとなります。1965年頃から台頭したといわれる「ブーガルー」はキューバンなラテンとR&Bの融合とよくいわれますが、今振り返るとそうも聴こえません。確かにシラブルはラテンな感じでもありますが、1960年代の特徴であるストレート8thなリズムです。スウィンギーなストレート8th（ライド・シンバルを中心としている）や、シェイクといわれるリズムの上にギターやオルガン、またはピアノでパターンを加えたものです。実は「The Sidewinder」はこのブーガルーの走りでもあったのです。

その頃のブラジルでは、アントニオ・カルロス・ジョビンなどが中心となり、ボサ・ノヴァをブラジルの都会的な音楽として台頭させ、世界中に広がりました。ジョビンは自身でデューク・エリントンを研究し、その作曲やアレンジのコンセプト、チェンジを取り入れ、ハーモニー重視の楽曲をたくさん作りました。それまでのブラジル音楽はもっと土着な雰囲気で、ショーロとかサンバなどもまだプリミティヴなハーモニーでできていました。リズム中心で、単純なものが多かったわけです。しかし、このムーヴメントでたくさ

んの作曲家を生み出したことで、ブラジル音楽はハーモニー的には世界で一番モダンともいえる状態にまで発展します。ただ、あまりの名曲の数の多さにジョビン＝ボサ・ノヴァという印象になりました。ひとりの人間が音楽のジャンルを所有してしまうかのような印象までいくのはすごいことです。エリントン、ルイ・アームストロング、マイルス・デイヴィスのような存在感を感じますね。

アメリカにボサ・ノヴァを持ち帰った重要な人物には、ゲイリー・マクファーランドというヴァイブ奏者もいます。１９６０年代後期のアルバムからは「えっ？　パット・メセニー・グループ!?」と、驚くような楽器のチョイスとハーモニー・アンサンブルを聴くことができます。

マクファーランドもまた、リオに住んでボサ・ノヴァを吸収し、演奏活動をしたそうです。余談ですが、あのコダックの本社のあるロチェスターにあるイーストマン・カレッジ・オブ・ミュージックという音大は、ジャズ教育では最高峰の音楽学校とされています。クラシックの素養がないとなかなか入学できないところです。そこを卒業したスティーヴ・ガッド（ds）と、プエルトリコからの移民でジュリアード音楽院卒業のエディ・ゴメス（b）、そしてバークリー音楽院を卒業した渡辺貞夫（as, flute）さんらと、マクファーランドはバンドのメンバーごと約2年間、NYとリオデジャネイロを幾度も往復し、リオに住んでブラジルの音楽を習得したそうです。貞夫さんの『ぼく自身のためのジャズ』という自伝にもその辺りに軽く触れられています。だから、貞夫さんのボサ・ノヴァは本場仕込みで、アメリカにボサ・ノヴァを持っていった張本人のひとりなんです。僕が長年の友人でパンデイロ奏者の安井源之新を頼ってリオに行った時には、最も有名なパンデイロ奏者のマルコス・スザーノにもお世話になりましたが、貞夫さんが現地でとても有名なのですごく嬉しかった憶えがあります。デヴィッド・マシューズのオーケストラの仕事でエディ・ゴメスと一緒になった時にも貞夫さんとマクファーランド氏のお話をしていただいたことがあります。僕は貞夫さんと同じ宇都宮市出身で、僕のおばあちゃんと貞夫さんのお母さんが親しい友人というか、茶飲み友達で、民謡好き。僕が小さい時から「渡辺さんのおばちゃん」に「うちの貞夫は世界一!!」と刷り込まれていますから、尊敬するあまり、対面すると緊張してしまいます。

話を戻しますが、マクファーランドは、バークリー音楽院出身で、ゲイリー・バートン(vib)やマイク・マイニエリ(vib)にも大きな影響を与えたといわれています。やっぱりボストン、やはりパット・メセニーのサウンドにも繋がっていくのでしょう。

ボサ・ノヴァがアメリカで流行した背景には、ポルトガル語という言語にも秘密があります。ポルトガル語って、イタリア語とフランス語が混ざったような感じで、そのサウンドが米国では「最も美しい言語」とされています。囁かれるように歌われたら、やはりグッと来ちゃう！「モテ」サウンドですね。メロメロのMellow、じゃないか……。

アストラッド・ジルベルトが「The Girl From Ipanema」の歌詞を米語で歌うと、そのポルガル語訛りな囁くようなサウンドはアメリカ中を席巻しました。ポルトガル語で喋ることができたらモテるよ！　一方、アメリカにはスペイン語を話す移民が非常に多く、こちらは一般的には教育の場では第二外国語ですから、特に珍しくはなかったんですね。情熱的で力強いサウンドのスパニッシュに対して、囁くようでソフトなサウンディングのポルトガル語は歌で世界中を虜にしました。

ボサ・ノヴァはジャズの主流派のサラ・ヴォーンやエラ・フィッツジェラルド、フランク・シナトラなどの大御所にも取り上げられ、誰もが知る音楽になっていきますから、当然のようにポスト・ジョビンな作曲家も台頭します。フランスのミッシェル・ルグラン（映画『シェルブールの雨傘』の「Watch What Happens」など）、映画『白い恋人たち』（グルノーブル冬季オリンピックの記録映画）や『男と女』のフランシス・レイ。そしてポール・マッカートニーの「The Fool On The Hill」、サイモン&ガーファンクルの「Scarborough Fair」や、ジョルジ・ベンの「Mas Que Nada（マシュ・ケ・ナダ）」のようなブラジリアン・スタンダードをポップスなボサ・ノヴァに変身させて一世風靡をしたセルジオ・メンデスなど。１９６０年代アメリカの大ヒット・メーカーのバート・バカラックも、「Do You Know The Way To San Jose（サンホセへの道）」のようにボサ・ノヴァ・オリエンテッドな曲作りをしました。こうした楽曲は１９６０年代後半の音楽を彩ります。これらはウェス・モンゴメリーをはじめ数多くのカヴァー・ヴァージョンを生み、ジャズの世界にリアルタイムでニュー・スタンダードとして組み込まれていきました。これらの音楽はアレンジも緻密で、それまでにないアイディアでできているからこそ推進力があったのです。一部のクリティックには「イージー・リスニング」とカテゴライズされコマーシャルであると揶揄され続けました。聴きやすいと簡単？ それじゃあモーツアルトもイージー・リスニングになっちゃうのかな？ 音楽は素晴らしければ、あとはどうでもいいのです。

先ほど例に出したブーガルーでは、ルー・ドナルドソン（ts）の「Alligator Boogaloo」が大ヒットをしましたが、1960年代になってからは、ロックン・ロール、R&B、ボサ・ノヴァ、ブーガルー……つまり、ストレイト8th系のリズムが融合していきます。地球が狭くなると、エスニシティはグローバル・スタンダードへと変身していきます。

## ◆アフリカン・アメリカン・ミュージック

ダンス音楽としてラテンやブラジル音楽がアメリカに融合されてきましたが、ダンスから離れた音楽本位なモダン・ジャズでもそういった「フュージョン」が当たり前になり、盛んになってきます。極端ないい方をすれば、アフロ・キューバンやマンボといったラテンの1950年代、英語圏のカリブ海のリズム「カリプソ」、そしてボサ・ノヴァ／サンバなブラジリアンの台頭した1960年代です。

カリプソはバハマ共和国を中心とするリズムで、世界的にはハリー・ベラフォンテ（vo）の「Banana Boat Song」、ジャズではソニー・ロリンズの「St. Thomas」の大ヒットで知れ渡りました。英語圏ではその他にジャマイカのスカ（1950年代）やレゲエ（1960年代後期以降）が知られていますね。1960年代はエルヴィス・プレスリーの映画などの影響で、メキシコのアカプルコやホノルルが憧れのリゾートとなり、メキシコのマリアッチ、ハワイのハワイアンが台頭します。メキシコ南部、山間部やペルーなどを代表するフォルクローレは、サイモン&ガーファンクルに「El Condor Pasa（コンドルは飛んでいく）」（1970年）がカヴァーされ大ヒットしたことで世界に広がります。

こういった時代の音楽は国交、つまり政治、言語、歴史、習慣など、今ほどグローバル・スタンダードができていない時代だからこそ新鮮に融合が行なわれていったのです。でもそれでさえも、他方からみたらアメリカ人の勝手な解釈だったかもしれません。勝手な解釈というのは、ジャズのボサ・ノヴァを、ブラジリアン・ミュージックとしてボサ・ノヴァをやっている人から見たら、「あんなの本当のボサ・ノヴァじゃない」という人がいます。東京で「大阪たこ焼き」を食べて「あんなのたこ焼きじゃない！」というのに似ていますね。それはそれで合っています。でも、そのアメリカ人の勝手な解釈と融合が僕たちのポップスを作ってきたのです。今やアメリカンなポップスやジャズはグローバル・スタンダードです。それを認めつつも、地球が狭くなってエスニシティが希薄になるのも寂しく思うのです。

１９６０年代後半になると、ジャズにR&Bやロックが融合したサウンドがどんどん増えてきます。奴隷時代からの歴史ある黒人アメリカ人は「Afro-American（アフロ・アメリカン）」と呼ばれました。現在、公式の場では「African-American（アフリカナメリカン）」と呼ばれます。アフロ・キューバンの台頭した１９５０年代からロックやR&Bとの融合の目立つ１９６０年代後半へ移るに連れ、ラテン専門な「ナンチャッテ」アメリカ人ラテン・パーカッションよりも、アフリカナメリカンなパーカッション・プレイヤーが目立つようになります。ボサ・ノヴァをベースとしたソウルなボッサ、ブーガルーなど、それにR&Bにもパーカッション・プレイヤーが増えてきます。そして、これらの多くはアフリカナメリカン・パーカッション・プレイヤーでした。１９７０年代初頭には、これらの音楽は「クロスオーヴァー」と呼ばれるようになります。

今はエスニック・ベースなマルチ・パーカッショニストの多い時代です。でも、このクロスオーヴァーからフュージョンに至る時代には、ラルフ・マクドナルドを代表とするアフリカナメリカン・パーカッション・プレイヤーが活躍しました。もちろん黒人でなくとも、スティーヴ・フォアマンやTOTOのレニー・カストロなどのアフリカナメリカンなスタイルのプレイヤーもいます。もう少し分かりやすくいうと、「アメリカン・スタイルのパ

ーカッション」ということになります。

1990年頃まで毎年NYのリンカーン・センターでアフリカナメリカンのフェスティヴァルが巻レベルですが行なわれていました。僕も参加していたことがあります。ドクター・ジョンのバンドで活躍していたジーン・ガードナー（ds）はハーレムを牽引しているようなローカルなミュージシャンでもありました。彼らのライヴではまず「マザー・アフリカ！」と叫んでからパーカッションを叩き始めるということをやっていました。僕も民族衣装を着せられてステージに上がったことがあります。彼の紹介で僕がスタンリー・タレンタインと演奏する機会を得た頃でしたが、なぜか僕もジーンとスタンリーの間で「マザー・アフリカ！」と叫んでいました（笑）。僕だけ違うんで、気が引けるのもあるけど、やっぱりちょっと恥ずかしかったです。

アフリカナメリカン・パーカッションは、ジャズ以外では特にファンクやR&Bには欠かせない存在でした。今のジャズ系ではエスニックなパーカッション・プレイヤーがマジョリティの時代ですが、ソウル、R&B、ファンクを聴けば必ず入っています。マーヴィン・ゲイやスライ&ザ・ファミリー・ストーンのパーカッションがラテン系だったら、ちょっと雰囲気が違うもんね。

だけど、本場アフリカのジャンベなどの民族楽器がポピュラーになる前だから、楽器そのものは主にコンガ、カウベル、アゴゴなどのリズムものに、効果音系のベルツリーなどを主体とし、ソロ用にティンバーレも用意するといった感じで、ラテン系のものを使用しています。ジャズ・ドラマーが適当にパーカッションを叩いているだけとも思われがちなんだけど、それが良いテイストになっていたのです。（おまけ：一個でティンバーレ、二個以上でティンバレス、ね。食べ物では、一個でTACO、二個以上でTACOSですよ！）

１９７０年代にクロスオーヴァーが台頭すると、クロスオーヴァーからフュージョンの時代に変化します。こう書くと何かあったかのような感じがするけど、リアルタイムに過ごしてきた僕には特に何の変化もないように思えます。クロスオーヴァーが異種混合とか異種混交の意味があるけど、それがフュージョン＝融合という意味だし、ただ置き換えられただけの気がします。クロスオーヴァーはわずかの期間でフュージョンになってしまった、ということです。レコード屋さんに行くといつの間にか名称が変わっていたという感じ。売り場分け……ジャンル名ってこんな感じでカテゴライズされてきたということも思い出すと良いと思います。

フュージョンを推進させた要素には、エレクトリック楽器（エレクトリック・ベース、ギターのエフェクター、シンセサイザー、サンプラーなど）や、ロック・チューニングのドラムスとそのポリリズム感などがあり、加えてエスニックなリズムの要素がその可能性を広げてきました。フュージョンの可能性は１９８０年代になると新しいリズムや音楽のアイディアが「Developmentや発明」から「ヴァリエーション」に変化していきます。つ

まり純粋に新しいアイディアがなくなってきたといえます。こうなると手付かずの要素が必要ですから、エスニシティの再発見となるわけです。でも成熟したコンテンポラリーなジャズメンは現地の音楽をそのまま融合できるくらいのスキルと柔軟性を持ちますから、アメリカナイズされずに現地そのままのリズムで融合するようになっていきました。そのせいか、アフリカナメリカン・パーカッションのプレイヤーはエンデンジャード・スピーシーズ（絶滅危惧種）になってしまいました。本格的なラテン・パーカションを扱う人が多くなったからです。本場のラテンや、本場のブラジリアン、アルメニアン、中東のリズム、インディアのリズム、つまりパーカッション・プレイヤーのアイデンティティそのものが受け入れられ融合していったからです。

このアフリカナメリカン・パーカッションはソウルな音楽の中には現在進行形で残っていますが、そのソウルなジャンルでさえシーラEのようなラテン系が中心ではあります。一時代を築いたムーヴメントだったようだけど、僕なんか今一番探したい感じの人材かな。却って新しいと思うからです。セネガルや象牙海岸、北アフリカの音楽やポップスが世界に広まっていった1990年代以降は、本当のアフリカンが台頭するので、アフカナメリカンは影を潜めてしまいました。というかプレイヤー自身も本場のエスニシティを求めて変化し始め、これは現在でも変わりません。

## ◆ソウルフード／ヨーロッパとジャズ、その輸出と逆輸入

1950年代になると、それまでは成功したジャズマンのステイタスでもあったヨーロッパ・ツアーですが、より多くのジャズマンがヨーロッパに呼ばれるようになりました。ヨーロッパにおけるアメリカン・ジャズは、アメリカ国内よりももっと現在進行形でポップな「アート」と捉えられていた土壌があり、リスペクトされ、コンサート会場やクラブの他にギャラリーなどでも演奏されました。アメリカではジャズへのリスペクトは現在でも一部のものであり、残念ですがそれほどポピュラーではありません。キング牧師、マルコムX以前ですから、黒人の場合、有名なプレイヤーでもひどい差別に遭っていたようです。

ジョージ・ベンソン師から聞いたんだけど、まだ少年の頃、ペンシルバニアの田舎からNYに出てきた時にステーキを食べたら、自分の知っている「ステーキだと思っていたもの」と違ったんだそうです。「僕たち田舎（たぶんピッツバーグを指しているんだと思う）ものの黒人にとってステーキといったらその頃はチョップトステーキ（合い挽きでハンバーグに近い。この場合は内臓や血入り＝生ソーセージのような感じかな）みたいなもんで、全然知らなかったからびっくりしたよ。食べたら美味すぎて、しかも食べたことない

ものだからお腹を壊したよ」。

その頃はソウルフード（注2）と一般のフードは違うものも多かったようです。ソウルフードの代表的なものをいくつか紹介します。まずコラードグリーン。見た目は巨大なほうれん草みたいだけど、硬くて煮込むのに時間がかかるのでソウルフードになったといわれます。元々はポルトガルの野菜です。フライドチキンもそうですが、NYのハーレム辺りだとWhitingsと呼ばれる舌平目を揚げたものにレッドデビルというホットソースをかけて食るのが最高です。スイカも元はソウルフードです。大昔はスイカ売りが「Watermelon, Watermelon!」と食べやすく切ったスイカを売っていたそうです。ハービー・ハンコックの「Watermelon Man」は実はスイカ売りのことだったんですね。ソウルフードな題ですね。

ソウルフードはクレオールやケイジャンと呼ばれる南部の料理が元になっています。ジャズやブルースとソウルフードは密な関係でもあるのです。Feelをチェックするために、ケニー・バレルのブルーノート・レコードから出ているジャズ史に残る名盤『Midnight Blue』の曲タイトルを見てみましょう。1曲目の「Chitlins Con Carne」は「もつ煮込み（豚の腸かけご飯」っていうソウルフードのこと。「Mule」はやばすぎていえない……。「Wavy Gravy」は直訳的には「なみなみの肉汁（グレイヴィーソースなみなみで!）」みたいな感じだけど、ぼったくり屋のぼろ儲けのこと。吉野家でのツユダクってのとはちょっと違うぜ。という具合で、他のどんなアルバムよりもブルースっぽいんだよね。

こういったアフリカナメリカン文化に対するリスペクトは残念ながらアメリカでは十分ではなく、ジャズにとっての理解と尊敬を示してくれるヨーロッパは当時のジャズ・ミュージシャンにとってはありがたい存在でした。1950年代以降はイギリス、フランス、デンマーク、ドイツなどはビバップ、ハード・バップの流行に乗り、特にジャズが盛んでした。1960年代以降には、ベルギー、オランダ、イタリア、スウェーデンなどそのほかの諸国でもジャズの需要が大きくなります。アメリカでは1960年代初頭辺りは、特定のアーティスト以外は決してビジネス的に良い時代ではなかったようです。台頭してきたロックや、またはロックをベースにしてできてきたポップスがポピュラーの市場を占めるようになりました。

1960年代初頭には多くのジャズマンがヨーロッパに移り住むようになります。デクスター・ゴードン、バド・パウエル、エリック・ドルフィー、ケニー・ドリューなどはヨーロッパに渡り、クラシック色の透明性を持ち、そしてブルース色の濃くはない現地のヨーロッパのミュージシャンとともにコンテンポラリーなジャズを展開していきます。この様子を映画で観ることもできます。ベルトラン・タヴェルニエ監督の1986年の映画『ラウンド・ミッドナイト』はデクスター・ゴードンが主演（アカデミー主演男優賞にノミニー）し、ハービー・ハンコックが音楽（アカデミー作曲賞受賞）を担当し、実際映画の

中でもデクスターやハービーやウェイン・ショーターが演奏するなど、ジャズ・ファンにとってはすごい映画です。この映画のデクスターの役、ストーリーはバド・パウエルがフランスに渡ってからの実話を基にしています。当時の雰囲気やヨーロッパにおけるジャズを体感できると思います。クリント・イーストウッド総指揮で制作されたセロニアス・モンクのドキュメンタリー映画『ストレート・ノー・チェイサー』は舞台はほとんどアメリカで移住する話ではないのですが、ヨーロッパ・ツアーに行く様子やその雰囲気が伝わってきます。今ではどちらもＤＶＤが千円くらいで売ってるから、観てみてね。

オーネット・コールマンの『The Shape Of Jazz To Come』がフリー・ジャズ初期の代表作ですが、アメリカで産声を上げたフリー・ジャズはヨーロッパでは新しいアートとしてより受け入れられます。ですから、その後に多くのフリー・ジャズのミュージシャンがヨーロッパで活躍することになります。ドイツ、オランダ、イギリスといった国々では、今でも実験的音楽が盛んです。オーネット・コールマンの代表作であるライヴ盤『At The Golden Circle Vol.1 & 2』はスウェーデンのストックホルムで収録されていますね。当時の西ヨーロッパにはそういった主流派でも前衛派でも受け止めるジャズ文化の土壌ができ上がっていたのです。

ヨーロッパ人にとっては、フリー・ジャズはクラシックでいうところの「表現主義音楽」という感触があったのだと思います。表現主義や抽象表現主義というのは、印象派のあとに生まれた抽象的な芸術運動で、シェーンベルクやバルトークなどに代表されます。いわゆる現代音楽という感じです。こうしてみると既に考察したモードやこのフリー・ジャズのことも含めて、ジャズの歴史はクラシックより40年あとにずれた相似形ともいえます。

アメリカではジャズがコマーシャルな方向に傾きがちになっていったけど、ヨーロッパではアート的な捉え方をされていたせいか、売れ線狙いではないジャズがリリースされるようになりました。そういう流れもあって、ヨーロッパのレーベルが、セシル・テイラーなどの、「オーネット・コールマン後」を担うフリー系のミュージシャンをサポートするようになりました。ファラオ・サンダース（ts）、ドン・チェリー（tp）、アンソニー・ブラクストン（ts）、ディレク・ベイリー（g、英国）、ポール・ブレイ（p）、アルバート・アイラー、サニー・マレー（ds）、ローランド・カーク（reeds）などが、1960年代後期から1970年代中期にかけてアメリカのフリーを多く扱っていたEPSの他に、ヨーロッパにおけるフリー・ジャズのアイコン的なレーベル、つまりフランスのBYGやフラインング・ダッチマン、ドイツのENJAなどから発売されていきます。

こういったファインアートな運動はジャズをより純粋な芸術としてあと押しします。ヨーロッパはジャズの故郷であり、そういう音が根付いていて、しかも息吹いています。こういう要素はよりコンテンポラリーな音楽を、（アメリカ人だけでなく）たくさんのヨーロッパのジャズ・ミュージシャンを誕生させていきます。洗練されていて、楽器のコントロール技術にもプリミティヴなところはなく、ハーモニックであり、現代的なイメージにでき上がってきます。

そういった流れから、洗練された新しいジャズのレーベルＥＣＭが誕生します。プロデューサーのマンフレート・アイヒャーのレーベルで、１９６９年にマル・ウォルドロンのレコーディングから始めました。初期は傾向が定まらずにエレクトリックな作品も目立ち、アメリカのエスタブリッシュド・ミュージシャンの起用が多かったのですが、やがてヤン・ガルバレク（ts）、ヨン・クリステンセン（ds）、ミロスラフ・ヴィトウス（b）、テリエ・リピダル（g）のようなヨーロッパを代表する人たちが出てきます。

そうしてアメリカに逆輸入されるようになったＥＣＭは、特にＮＹやボストンといった東海岸のコンテンポラリー派やジャズ・フュージョンのプレイヤーによって支持され、新しい傾向として影響を与え、それらのアメリカのコンテンポラリー・ミュージシャンのサウンドと融合して新たな音楽、新しいアイディア、そして透明感に溢れるサウンドが引き継がれ、現在でも創作されているのです。その中でもキース・ジャレット（p）の存在は大きく、僕も18歳の時に初めて観ましたが、デューイ・レッドマン（ts）、チャーリー・ヘイデン（b）、ポール・モチアン（ds）とのカルテットは素晴らしいサウンドでした。そういうオリジナル街道を突っ走っていくなか、突然のように１９８３年に『Standards Vol.1』が出ます。スタンダードの演奏というのは油断するとパッケージドな音楽か、ルーティンになるか、エンタテインメント系になるかが運命だと思われていましたが、種も仕掛けもアレンジも特にない、ファインアートな演奏を聴かせてくれました。それ以降のサウンドと活躍はたくさんの人に影響を与え、今日に繋がるのです。

**注**：このコーナーでは、「コンテンポラリー」の意味としては日本のシーンの「現代的」という意味で使いました。米語でジャンルとしての「コンテンポラリー」、または「コンテンポラリー・ジャズ」となると、日本でいうところの「フュージョン」を意味します。

## ◆ユダヤ系ミュージシャンとアラブ系ミュージシャン

NYには　他の土地よりも多くのユダヤ系の人々が住んでいます。そうしたユダヤ系のミュージシャンは、和声的な面やリズムなどで、ジャズに影響を与えてきました。そしてユダヤ系でなくとも、地中海を囲む国々の音楽には共通の特徴があります。特にマイナー・キーの時に、mM7（マイナー・メジャー・セヴンス）が主和音になるのは彼らの普通の感覚です。いわゆるアメリカンな音楽、アフリカナメリカンなジャズやロックなどはm7でドリアン・モードが普通です。アメリカに30年もいると、なんとなくそういったナショナリティに合わせて演奏することも可能になってきます。地中海・中東なメンバーの時はエンディングでmM7になることがほとんどなんです。それから地中海風になるには、まず6度がフラットすることもあるのでエオリアン的、またはハーモニック・マイナー的になります。この辺りで日本人には日本の音階とほぼ同じになるから簡単になります。中東の音階の作りかたは簡単です。HP5（ハーモニック・マイナーの5度から始める音階）にmajor7thを足します。この場合のmajor7thはアラビアン・ノートといいます（イスラミック・ノートやアラビック・ノートとも呼ばれる）。解決したキーから見たら増4度のブルーノートと同じものですが、雰囲気は全然違います。

地中海を囲むということは、北アフリカも含みます。スペインの音階、ジプシーの音階はフリージアン・モードに長3度とアラビアン・ノートを入れれば完成です。ジプシーは歴史も深く、源流はシリア系のエジプト人ともいわれています。「Egyptian」のEを発音しなければほとんど「ジプシー」ですね。彼らは、移動民族といわれますが、スペインから北欧の方まで広がっています。南米にも多く渡っており、音楽、手相、占星術などに長けています。あまり背は大きくなくてエキゾチックながら目が青い人も多くいます。北アフリカでもマイルスやダイアナ・ロスのように透き通った青い目の黒人が多いようです。黒人のユダヤ系も多くいます。名前でも分かったりもします。例えば代表的な女性の名前に「ナオミ」、または「ナヨミ」という名前もあります。聖書に出てくる名ですね。日本の名前と似ています。ユダヤ教、キリスト教、イスラム教は、神は同じで「啓典の民」といわれ、いわゆる福音書（聖書）は同じものです。よく「ユダヤ人」といいますが、そういう人種は実はありません。宗教ですから。長い長い歴史の中で、ユダヤ教徒がわりと共通の身体的特徴を帯びてきたのだと思います。それは苗字にも現れます。「〜バーグ」「〜シュタイン」、「ゴールド」や「マン」の付くものなどはその代表でもあります。日本の鈴木さんや佐藤さんと同じですね。

先ほどエオリアンやハーモニック・マイナー的な話をしたでしょう？　ジャズやソウルやR&Bは音階的には中央アフリカ系からの強制移民、またはその子孫の影響が濃いのです。マイナー・キーの時、1980年代後期までのマイケル・ジャクソンやアース・ウィンド・アンド・ファイアーなどのソウルは6度がナチュラルです。1990年前後に出てきたヒップホップやハウス辺りからはいわゆるアフリカナメリカンではなくて中東系の黒人の移民の子供たちがデビューする世代になったともいえるのです。ストリートなファッションでもそれまでになかった、キャップ（野球帽）の下のタバーン風なものを頭に巻きますね。ドゥーラグといいます。元々は中東のタバーンのようなものです。今では誰でもそれを付けるようになりました。ビーニーもよく見ますね。頭をスポッと包むようにしまっちゃう感じの帽子です。ですから、ソウルからヒップホップに至る変化は直列でもなく、ソウルに限らずアメリカの音楽は移民とともに変化しているのが分かりますね。

特に近代の白人ジャズマンの多くがユダヤ系であることはよく知られています。こういうと大きなことのようですが、現地的にはあまり意識するような問題ではありません。優秀で有名なユダヤ人ですが、科学者、医者、弁護士も多く、音楽でも才能を際立たせている人は確かに多いです。でもこれはみんなアメリカ人、米語ネイティヴなアメリカ人です。ですから、アメリカの音楽は「どこどこ風」に作っても、できた料理は全てアメリカンになりました。デイヴ・ブルーベックの『Time Out』に入っている「Blue Rondo A La Turk（トルコ風ブルー・ロンド）」などはエキゾチックな変拍子（7拍子）を使ったロンドによるテーマのあとにブルースになる曲ですが、そのサウンドはエキゾチックなムードをアピールする伝統のアメリカンなジャズです。これは彼らだけに限らず行なわれてきたことです。

１９６８年4月4日のマーティン・ルーサー・キング牧師の暗殺後のアメリカは、それまでとは違う人種差別を廃する努力が人々の間に浸透し、１９７５年にベトナム戦争も終わる頃、ジャズは本格的なフュージョンの時代に入っていました。キング牧師後はブラック・ミュージックの勢いも増し、それまでブラック・ミュージックで良い曲があるとパクられて泣き寝入りしていた時代は終わりました。再びアメリカに来ようとする人々が増えます。１９７０年代後半になると、世界からミュージシャンが勉強や移民のため渡って来るようになります。イスラエルや中東の国からの移民も増えました。20世紀のアメリカは文化を持って移民してくる人々を歓迎してきましたが、１９７０年代までアメリカ発のアイディアはかなり出尽くしたのかもしれません。その代わりにエスニックな雰囲気を盛り立てるパーカッションなどの楽器奏者はより本物（現地的な）のグルーヴを求められるようになっていきます。

前述したように、イスラエルや周辺のアラブ諸国は、メロディ、音階やリズムに共通性があります。特に変拍子については、それが普通というくらいの文化圏です。5拍子、7拍子、9拍子、11拍子……。リズムは言語と密接な関係です。変拍子もきっとそんなところも多く含むのだと思います。

ちょっと時代を遡り1960年頃に戻ります。ビル・エヴァンス・トリオのポール・モチアン（ds）はアルメニア人でした。アルメニアという国単位ではキリスト教徒系が多いのですが、いろいろな歴史によって飛び散ったアルメニア人の多くはイスラム教徒です。トルコやその周辺にも多いのです。そして、その辺りからボスポラス海峡近くに移れば、そこはシンバル類の故郷です。モチアン先生は素晴らしいシンバル・プレイヤーでもありました（シンバル・プレイヤーと呼んでほしいドラマーは意外と多いのです）。僕はレイニー・スターン（g）のバンドをやっていた時に、ドラマーがポール・モチアン先生でした。僕はサイド・ギタリストでした。レイニーのおかげで僕はいろいろなミュージシャンと知り合えましたが、ことモチアン先生にはいろいろお世話になりました。モチアン先生はドラム・スティックの持ち方が独特でした。人差指と親指で持つ通常のスタイルではなく、まるで剣道のように薬指と小指で持って親指と人差指を添えるようなスタイルです。僕が

剣道と同じように見えますといったら、「サムライ!」といってました。
同じ頃、僕のバンドでパーカッションをやってくれていたアルメニア人のアート・タンクボヤチアンの結婚パーティーがあり、同じアルメニア人のポール・モチアンやスティーヴ・テューレも来ていました。フィンガー・シンバル（手のひらサイズの小さなものが2個組になっている）が配られて、みんなで歌とバンドに合わせてリズムを取るんだけど、変拍子でワケが分からなかった。「えっ、何拍子?」と聞いても周りの人もあまり分からない。というか気にしていない。でも、他の人はみんなピッタリにプレイできるのです。モチアン先生は「なんだ、お前、できないのか?　え〜!?」と。ヨーグルトとラムを使った料理に変拍子の嵐!!　トルコ人とアルメニア人の間で目がグルグル……。
ちょっと修行に出てきなさいということで、モチアン先生のECMなお友達のボブ・スチュワート（tuba／レスター・ボウイのブラス・ファンタジーのメンバー）のバンドに演奏しに行きました。そこには北欧のジプシーの人たちがメンバーにいて変拍子をやってました。7拍子や11拍子です。友人のアート・タンクボヤチアンからは、トルコの軍隊が5拍子で行進するお話を聞いてびっくりしました。5歩目に一歩下がる感じです。中東の人にとっては、奇数拍はわりとナチュラルな感覚だということが分かりました。変拍子が感覚だけでやれるってすごいですね。
1970年代のフュージョンのあと、いよいよアイディアが出尽くした?って感じの

1980年代、ジャズマンが導き出した答えのひとつがエスニックなサウンド、つまり中東のみならず世界のエスニックなサウンドでした。そのサウンドが「現地的に」とか「Dialect」として求められたのは当然だと思う(Dialect=ダイアレクトは「お国言葉、なまり」の意)。

ところで1980年代、1990年代を経た現在のジャズでは、変拍子の曲であることすら気付かせないようなテクニカルな演奏をするジャズマンも現れました。でもすごすぎちゃって、「だったら4拍子でもいいじゃん!」と思うときもあります。こういった変拍子は地中海文化圏の特徴のひとつだと思います。

## ◆民族楽器の導入

前項で述べたように1980年代になって世界の民族音楽の目立つところを取り入れると、珍しい楽器と、それによってイメージされるエスニックな旋律によって、新しい要素を持ち込むことも頻繁になります。1970年代後半、ウェザー・リポート時代のジョー・ザヴィヌル(kb)はエレクトリック楽器以外では「大正琴」を効果的な音としてプレイしています。ライル・メイズ(kb)やパット・メセニー(g)はその反対に答えをアメリカ国内にもとめたのでしょう、カントリーやフォークに使うダルシマーやオートハープを

使っています。ライル・メイズはいつの間にか大正琴も使っていました。1980年代初期にはサンプラー（コンピュータに音をサンプルしてそれを演奏する楽器）が開発・発売され、その後当たり前のように広がりました。多くの鍵盤奏者は世界中の楽器をキーボードの中に音源として持っている時代になったのです。

エスニックな音色を取り入れて雰囲気を演出するというのは、古くから行なわれていたことだけど、単なるキャラクターではなくリアルに、ジャズ・フュージョンにも変わった音の楽器がどんどん使われるようになったのです。民族音楽での本来の使い方を理解して、それに特化した曲を作るという傾向も色濃くなります。

1990年代になると、ジャズだけではなく、音楽界全体で今まで使っていない楽器を模索して、例えばオーストラリアのアボリジニのディジリドゥという楽器など、未知の楽器も登場します。なんだか楽器の大航海時代のようですね。サンプラーが普及すると、入手できるような楽器の音が全てプリセットで入ってるキーボードや音源（21世紀になってからはソフトで）まで発売されますが、誰でも簡単に手に入れられるものに価値を見出さなくなったミュージシャンは、却って使わなくなります。

## ◆サルサ

1960年代のボサ・ノヴァの流行後、メキシコ経由でキューバの音楽が、1950年代のアフロ・キューバンとしてではなく、本格的ラテンの要として再びアメリカに入ってきます。これはケネディ大統領時代のソ連の侵攻とキューバ危機を回避後、特に多くなった南米からの移民の影響であり、キューバからの亡命者はそれに比べると多くはありませんが、その中に影響力を及ぼすキューバのミュージシャンがいたことなどもあってラテン音楽が進行します。このことは裏を返せばスペイン語圏の移民やヒスパニックな移民がマジョリティに近くなったからこそ、アメリカの教育で第二外国語がスペイン語のところが多い理由も分かります。文化、美術や音楽と政治、情勢は実はいつも繋がっているのです。

そんな中に、キューバの伝統的音楽である「ソン」も入ってきます。スパニッシュな味わいのある歌曲で、コーラスと歌手との掛け合いによる歌曲もあり、それはソン・モントゥーノといいます。カントリー系ロック・ギタリストであるライ・クーダーの視点から歴史的キューバ音楽のミュージシャンにスポットを当てた映画『ブエナ・ビスタ・ソシアル・クラブ』を観ると分かりやすいと思います。ルンバはもっと激しくパーカッション群がリズムを前面に押し出したような音楽になります。「ソン」はスパニッシュな人たちには大き

な影響を与え、のちのマンボやチャチャチャの源流にもなります。
１９５０年代はアフロ・キューバンという形でキューバ音楽は取り入れられていたわけだけど、先述の通りジャズの一形態のようなものでした。１９６０年代後半になってやっと入ってきた本場のソンやルンバ。ルンバのリズムは、既に社交ダンスに取り入れられていたルンバやチャチャチャやマンボよりも激しく情熱的で、ＮＹやマイアミの人々に受け入れられました。だけど、アメリカではキューバンなラテン音楽は「サルサ」と呼ばれています。酸っぱくて辛いサルサ・ソースのサルサです。前にも書きましたが、「上を向いて歩こう」が「Sukiyaki」というタイトルに変えられたように、エスニックな食べ物の名前にするというのは、よくあることなんですね。元はニューヨーク語です。しかしニューヨーク語というのには理由があります。ルンバはキューバの近隣、カリブ海のプエルトリコでも発達しました。こちらはアメリカの自治連邦区であり、選挙権がないだけでアメリカ国民になっていますから、ここからＮＹに渡る人が歴史的に多かったのです。実際ＮＹのラテン系ジャズ・ミュージシャンの多くはプエルトリカンでした。１９６１年の映画『ウエスト・サイド物語』はＮＹのウエスト・サイドを舞台に東欧系の若者とプエルトリカンの若者の抗争が描かれています。音楽はレナード・バーンスタインでほとんどの楽曲がリディアンで書かれています。ストーリーはシェイクスピアの『ロミオとジュリエット』が原作です。ここにはラテン音楽が出てくるわけではないのですが、観るとプエルトリカンの若

者たちが置かれていた環境などが分かると思います。「サルサ」はどちらかというとNYでの歴史も深いプエルトリカンのルンバから来ています。そして彼らは「ニューヨリカン」と呼ばれています。イーストヴィレッジのさらに東6丁目にはニューヨリカンのサルサ・ストリートが今でもあり、サルサのライヴやダンスもやっています。

サルサは、キューバやプエルトリコでは「ルンバ」と呼ばれるリズムです。でも、社交ダンス界でいうルンバと、本場キューバのルンバは、また別のもの……ややこしいよね。でもダンスのステップは同じです。ニューヨリカンのティト・プエンテ（timbales / vib）などのミュージシャンが1960年代にヒット曲を出した影響でジャズにもどんどん取り入れられてきます。それから1970年のカルロス・サンタナのヒット曲「Oye Como Va」も元はティト・プエンテのヒット・ナンバーのカヴァーです。サルサがジャズのフィールドでキューバの現地的なサウンドのまま一般的になるのは1970年代です。1970年代のストレート8thなジャズ・フィーリングは、サルサなどのエスニックな音楽と相性が良かったのです。

地域性でみると、マイアミがポップスの主な制作地であったこと、キューバからの亡命者がキーウエストから入ってきたお陰（?）で、マイアミがキューバンなサルサの本拠地になっていったのです。マイアミはその他にもカリブ海の英語圏の音楽「カリプソ」も色濃く存在しています。マイアミの北にあるフォートラダデール育ちのジャコ・パストリア

スはそんな環境に育ったのですから、やたらとキューバンに強かったです。彼のデビュー盤では、オセロ・モリノーのスティールパン（カリブ、カリプソの楽器）が入っていたり、サルサやチャチャチャのリズムが強烈に聴こえてきます。

## ◆さらに新しいエスニシティ、回帰？

アフロ・キューバンもサルサも、時間が経つにつれて、アメリカの音楽となっていきました。常に新しいアイディアを求めるジャズ・ミュージシャンは、フュージョンの進化が止まってしまう1980年代になると、エスニシティの中にフロンティアを見出していたのです。

例えばジョー・ザヴィヌルは、ウェザー・リポートを経て結成したザヴィヌル・シンジケートでは、ジャズ・ミュージシャンがメインというよりは、エスニックな要素を強く持っているミュージシャンを起用しました。特にアフリカナメリカンなサウンドではなく、リアル・アフリカン・サウンドというように。ご本人のお話では「United Nations」なバンドとはっきりおっしゃってました。

アフリカの音楽を取り入れるにしても、それまでのアフリカナメリカンなパーカッションではなく、セネガル、コートジボアールなどの西アフリカのパーカッションや民族楽器なども導入しています。マリ共和国の生んだアフリカン・ポップスのスター・シンガーであるサリフ・ケイタは伝統のサウンドにフュージョンを融合させてソロ・アルバム『Soro』(1987年)で世界にセンセーショナルなデビューをしましたが、彼もザヴィヌル・シンジケートにゲスト・プレイヤーとして参加しています。1990年代になってからのシンジケートのメンバー、パコ・セリ(ds/コートジボアール)やリチャード・ボナ(b/カメルーン)は、サリフ・ケイタのバンドで活躍していました。彼らがアメリカのジャズ界で活躍しているのも、ザヴィヌル=ケイタがきっかけです。ザヴィヌル先生はその後サリフ・ケイタのアルバムもプロデュースされています。それからは、アフリカの様々の国のミュージシャンたちが世界に大きく活動の輪を広げます。今では西ヨーロッパ方面では新しいポップスとしてアフリカン・ポップスが受け入れられています。こういう傾向は僕の記憶ではアフリカナメリカンのラルフ・マクドナルドが最初だった気がします。1978年のアルバム『The Path(回帰)』では、アメリカンなサウンドとアフリカンなサウンドの融合を試みていて、そのサウンドは壮大で、大地が見えてくるかのようでした。僕はこれが「回帰」サウンドの始まりの気がします。ディズニーの『ライオン・キング』(ハンス・ジマー音楽、エルトン・ジョン主題歌)、やはりディズニーの『ターザン』(マーク・マンシーナ音楽、フィル・コリンズ主題歌)などのサウンドのルーツはここにあります。

ザヴィヌル・シンジケートにはいろいろなバックグラウンドを持ったミュージシャンが

集まっていたけど、1990年代後半には、僕も一緒に演奏していたアート・タンクボヤチアン（perc）も参加していました。その頃、ザヴィヌル先生といろいろとお話しをしたことがあります。最初はアートに会いに楽屋に行き、パコやリチャードにも会って、ザヴィヌル先生と朝方までお話ししました。その後、アートから連絡があったのですが、東アジアの要素がないからということで、僕にも声がかかりました。アートによって中東まで来たシンジケートは極東なサウンドまで行きたいとおっしゃったのです。「民族楽器奏者ではダメなんだ、ジャズ・オリエンテッドなミュージシャンで民族楽器ができないと……」。大喜びで話を聞いてみたら、「これから和楽器を習得して、参加せよ」と……。僕の母はお琴の名取りでしたが、僕が渡米する時に、「生きるためにインチキ邦楽奏者になることだけはやめて」と、クギを刺しました。習得するには長い時間が必要です。何年も何年も。それで「僕はプリマッチ、メリケンなギター・プレイヤーです」といったら笑ってました。「ああ、なんで断っちゃったんだろ～」と思ったけど、ザヴィヌル師に声をかけてもらっただけで一生の思い出です（でも僕のギターはいらなかったんだよね……）。それにしても、新しい音楽表現のための探究心と実行力があってこそ素晴らしい演奏と作品が残せるのですね。

## ◆新たな黒人カルチャー

ベース・プレイヤーのヴィクター・ベイリーのお家のパーティに家族で呼ばれて何回か行ったことがあります。そこにはデビューしたばかりのデスティニーズ・チャイルドのメンバー（まだ子供だった）や、モデルのナオミ・キャンベルなどのブラックのスターまで来ていて華やかでした。

僕ら日本人から見ると、「ブラックな文化」というのはひとつに見えるかもしれません。でもナショナリティは違うわけだから、いくらアメリカでも実は様々です。伝統のアメリカ人である奴隷の末裔である人々は、主に中央アフリカ出身の人々が多かったようです。奴隷海岸と呼ばれる奴隷船の出発地はナイジェリアにあり、そこは中央アフリカです。ソニー・ロリンズの名曲「Airegin」はNigeriaを逆さに綴ったもので、ルーツに引っ掛けたタイトルです。１９８０年代の大ヒットＴＶドラマの『ルーツ』はアフリカで捕らえられアメリカに連れてこられた奴隷「クンタ・キンテ」とその子孫の物語です。もし興味があったら観てください。背景が分かると思います。

世界の民族音楽の音階的なものを西欧アカデミズムから見ると、その基本型はほとんどがペンタトニック・スケール（5音階）に見えます。中央アフリカ的にはマイナー・ペン

タトニック・スケール、日本のソーラン節と同じ音階です。アフリカナメリカンはそのルーツのせいか、音階的にはドリアンを基準に感じる人が多い。こういうのはやっぱり血というのかな……演歌に興味もないし、ほとんど聴いたことなくても、そのフィールが分かってしまう日本人の何か。それのことです。アート・ブレイキーやジョージ・ベンソンやクインシー・ジョーンズやアース・ウィンド・アンド・ファイアー、スライ、プリンスとかマイケル・ジャクソンもジェイムス・ブラウンも、みんなみんなドリアン文化圏だよね。だけど、1990年代に入ってから台頭してきたブラックな音楽は伝統のアメリカンではなくて、もっと最近移民してきた人の子孫の音楽も多いのです。たとえばオバマ前大統領はアフリカンとアフリカナメリカンのハーフなハワイアンです。夫人のミッシェルさんは伝統のアフリカナメリカンですね。

　特に北アフリカ出身の人々の子孫だとハーモニック・マイナーやエオリアン的な音階が自然な文化を身体が受け継いでいるのでしょう。ブラック・ミュージックはそれまでにない感覚的な違いが出てきたのです。とはいっても感覚ですから、分かる人は好きに演奏できるので、大した問題ではありません。マイナー・キーで、♭6th の音に違和感を持つ人と、そうでない人の感覚の違いです。例えばM.C.ハマーはアース・ウィンド・アンド・ファイアーと同じ文化圏っぽいけど、ジェイ・Zとなると少し違う文化圏かも、というような感じかな。

マイルス・デイヴィスのモードの名曲「Milestones」は、[A][A][B][A]形式の曲で、[A]がGドリアン、ブリッジ（サビ＝[B]）が♭6thを含むエオリアンでできています。モードの楽曲ですから、サビの部分は民族的な意味はありません。ところが、1990年代以降のブラック・ミュージックでは、エスニックなセンスとして使うことがあります。マイナー・キーで、♭6thの音を出すことは、1980年代までのブラック・ミュージックではあまり出てきません。ナチュラル・マイナーなんだから特に変な音階というわけではないんだけど、♭6thを自然に感じる日本や東洋の音楽は、彼らにとってはやはりファー・イーストな響きを持ってるように感じるでしょう。そんな♭6thがデスティニーズ・チャイルドがヒットした辺りのヒップホップやR&Bに頻繁に使われるようになったのです。僕も違和感を持っていたけど、新しい世代にとってはオリエンタルな音だったみたい……。中東も結局アジアだからね。2000年頃、ジョージ・ベンソン師が自宅でギター弾いてた時にやたら♭6thを弾いてるので、えっ?と思ってみたら、「Hahaha」と笑いを浮かべてました。そのあとのCDでしっかり♭6thを弾いてたから、相変わらず何でも吸収しちゃうんだなあと思ったことがあります。

譜面1にマイナー・キーにおける6thをまとめておきます。

北アフリカの音楽は、地中海沿岸の音楽文化と共通した音階やリズムを持っています。

●譜面1

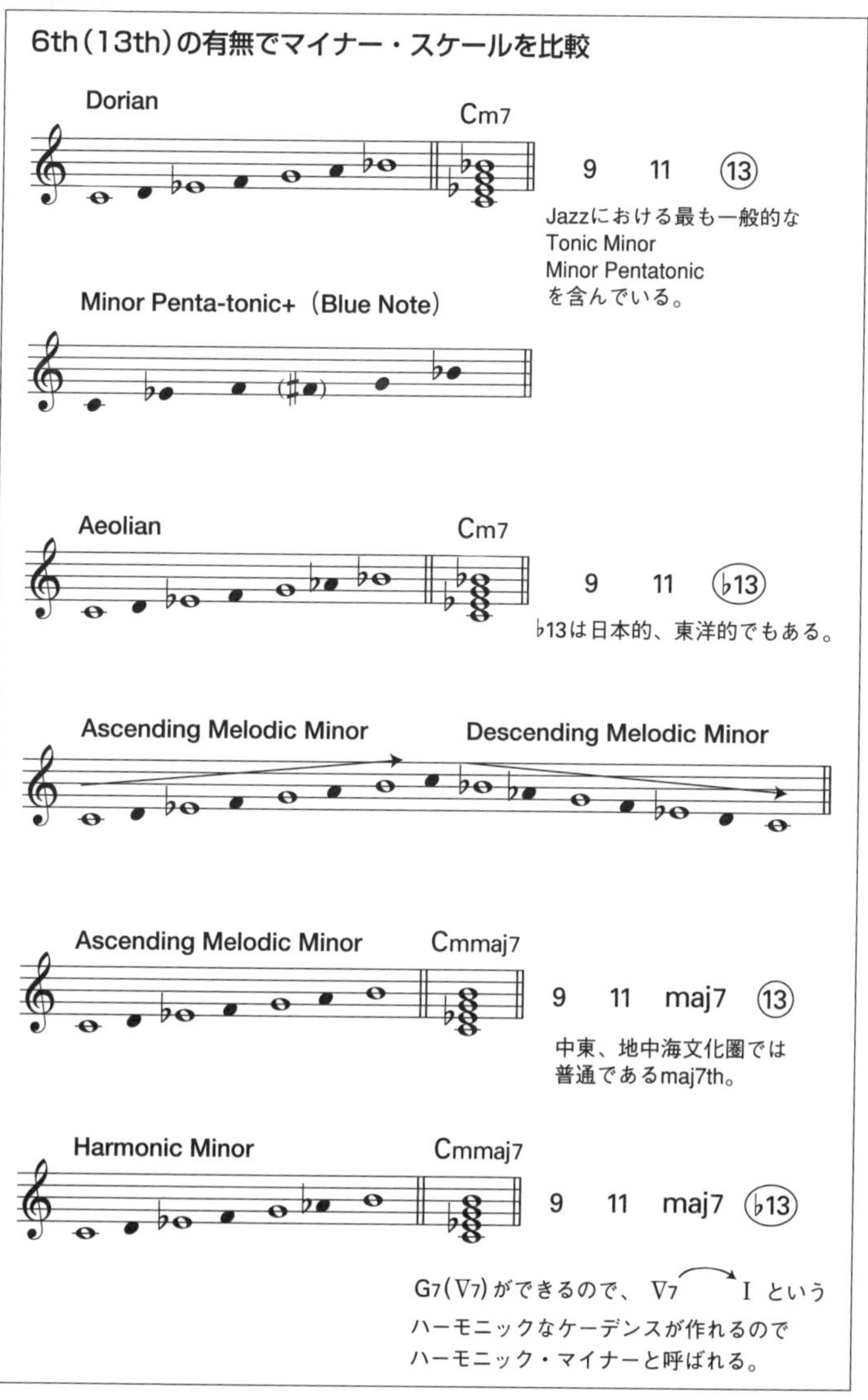
6th（13th）の有無でマイナー・スケールを比較
Dorian
Cm7
9 11 ⑬
Jazzにおける最も一般的な
Tonic Minor
Minor Pentatonic
を含んでいる。
Minor Penta-tonic+（Blue Note）
Aeolian
Cm7
9 11 ♭13
♭13は日本的、東洋的でもある。
Ascending Melodic Minor
Descending Melodic Minor
Ascending Melodic Minor
Cmmaj7
9 11 maj7 ⑬
中東、地中海文化圏では
普通であるmaj7th。
Harmonic Minor
Cmmaj7
9 11 maj7 ♭13
G7（Ⅴ7）ができるので、Ⅴ7 → Ⅰ という
ハーモニックなケーデンスが作れるので
ハーモニック・マイナーと呼ばれる。

だから北アフリカに祖先を持つ人のブラック・ミュージックは地中海の音階的なものやリズムを持っていることを感じることがあります。ヒップホップの時代になると比較的新しく北アフリカなどから移民してきた2世や3世も多いのです。ですから、それまでのブラック・ミュージックよりもエスニックな意味合いも含めて範囲が実際広がっているのです。

同じことは中東まで広がっていて、ユダヤ系のミュージシャンや、アラブ系のミュージシャンも、似たセンスを持っています。その人たちの子孫が特定の音に反応したとしても当たり前です。

1950年代のジャズでマイナーを聴くと7thが多いけど、ビル・エヴァンスはマイナーmaj7も多用します。もちろんエリントンの頃から、特にストレイホーンが使っていた音だけど、またちょっと違ったマチュアーな雰囲気を醸し出していました。近年のブラッド・メルドー（p）やカート・ローゼンウィンケル（g）を代表にしちゃうけど、彼らを聴くと、ハーモニックな広がりの中にはクラシックの素養とともに、ユダヤ系の文化からくる中東〜地中海的な要素が感じられます。挙げたらきりないほど多いね。

日本ではほとんど紹介されていませんが、アラブの音階はほとんどHarmonic Minor Perfect 5th Below、略してHP-5＝ハーモニック・マイナー・スケールの5度下から始まるスケールにさらに一音足して作れます。その音はMajor 7thの音です。この音はミュージ

シャンの間で俗称ですが「イスラミック・ノート」「アラビアン・ノート」、または「アラビック・ノート」と呼ばれています。ですから8音によるスケールになります。もう、現地に行った気分になれますね（譜面2参照）。

ディズニー映画でお馴染みの大作曲家、アラン・メンケンの作品『アラジン』でもこの音を使っているから、今度ディズニーランドにでも行ったらチェックしてみてね。HP-5をE7として見ると、西欧の音楽的にはAmに解決します。解決する側のAmから見たら、「アラビアン・ノート」って#4のブルーノートと同じなんですね。もしかしたら、トニックから音楽を感じる人と、ドミナントから音楽を感じる人がいて、同じ風景を別の角度から見てるだけなのかな、とも思います。明らかにムードは違うけどね。

このアラビアン・ノートは地中海沿岸の国々と中東では共通です。敬虔なイスラム教徒はコーラン自体が音楽でもあるので音楽をやらないけど、コーランを読み上げる時のメロディはこの音階です。厳密にいうと12音ではなく、クォーター・ノート（オクターヴを12音よりさらに細かく分割した音）もあるからもっとあるともいえます。この音が使われている作品はかなり古いクラシックの楽曲にもに見付けることができるし、ジャズではエリントンの「Caravan」も、もちろんそうです。

スペインの辺りまで行ってみましょう。スペインの南、アンダルシア地方や南スペインは元々イスラム圏でした。アルハンブラ宮殿はイスラムの宮殿です。ですから音階的には

●譜面２

〈Mediterranean Mode〉地中海風のモード

① Harmonic Minor Perfect 5th below

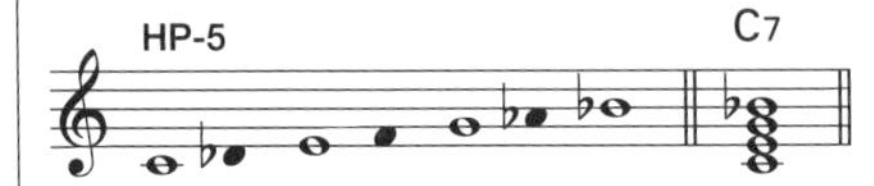


♭9　11　♭13

★HP-5には5thがあるので
Ⅱ♭7とは互換性はない。

② HP-5＋AN＝Arabian Scale

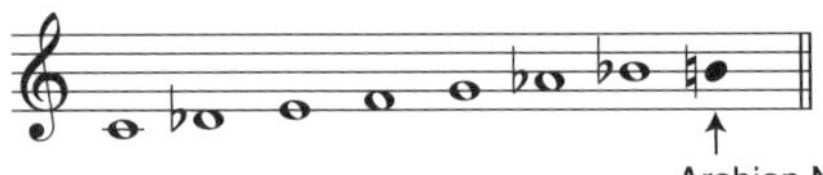


このスケールをⅤ7として解釈した場合、Ⅰ(m)から見るとA.N.はBlue Noteになる。

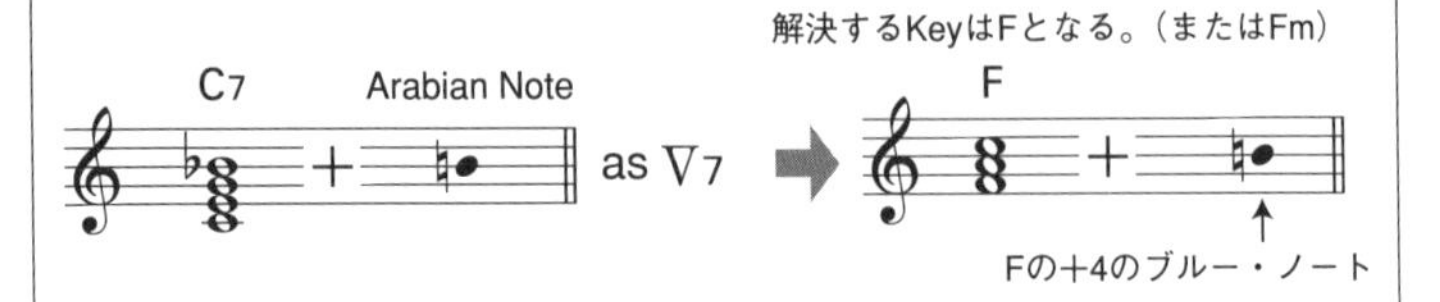


★調性感の持ち方は文化によって変化する。
特にオリエント文化は二重調性のものもあるので、感性的な違いである。

やはりコーラン的な音階になります。そしてスペインのジプシーを中心とするフラメンコな音階は最も有名です。この音階はフリジアンがより近いですね。次にフリジアンMajor 3rdを足します。次にアラビアン・ノートを入れます。はい、完成!! スペインだと「メデトリニアン・ノート」とでもいいたくなります。この音階を使用した楽曲として意外性のあるところでは、マイルスの「Nardis」があります。楽曲の中にMajor 3rdとかMajor 7thが出てきますが、これがフリジアンな音階に足される2音を使ったメロディなのです（譜面3参照）。

## ◆母国語と音楽

前の章でも述べましたが、人のリズム感は、その人の母国語のリズムに影響されます。同じ南米でもスペイン語の国々は互いに似たリズムを持っていて楽器もほとんど共通するのに、ポルトガル語のブラジルは違うリズムで、楽器も違います。こういったことは、あらゆる言語や環境に起こることだと思います。

演奏する立場からいうと、英語を喋って育たなかった人にはできないこと、感じられないことといった方がいいかな、それはやっぱりあると思います。だけど、それをできないと考えても仕方ないし、できる必要もないんです。本人が望めば別ですが。長年アメリカ

●譜面3
〈Spanish Mode〉
② Phrygian ＋ Major3rd ＋ A.N.
E Phrygian
Em
1 ♭2 ♭3 4 5 ♭6 ♭7
♭9 11 ♭13
Phr. ＋ maj3 ＋ AN ＝ Spanish Mode
maj3rd
A.N.
〈Vamp〉
E F G
「Nardis」
で囲んだメロディがA.N. or maj3rdである。
だから表記してあるコードはその音を指しているだけで、
コードを弾けという指示ではないので注意。
アラビアン・ノート
Emaj7というコードよりは
このノートのこと。
Em
Fmaj7
(Emaj7)
B7
Cmaj7
Am7
Fmaj7
Emaj7
♮3rdを含む
1.
Em
2.
Em

に住んでいて、外から日本のジャズを見ると、山下洋輔さん、日野皓正さん、坂田明さん、渡辺香津美師匠など、日本でしか生まれ得なかった素晴らしいジャズの文化があることに、改めて感動します。

パリのサンジェルマンデプレ辺りで、アメリカンなスタイルのジャズを聴いて何度も思ったことなんだけど、日本人のジャズとちょっと似ていると感じるんですね。2拍、4拍をどうしても強めに演奏しちゃう感じ。現地的（アメリカ的）グルーヴを出したい意識が働いちゃうからアメリカ人よりもアクセントがきつくなっちゃう（？）のかな、やっぱり。

別にフランスだけではなく、どこにでも起こることでしょう。同じようなことはよくあります。例えば、サンバってチョット訛ってるよね。それが心地よくカッコイイ!!　ブラジル音楽をブラジルで聴くと、ブラジル以外の国でブラジル音楽をやっている人たちより、かなりアッサリしているんですね。諸外国人や日本人のやるブラジル音楽の方が、訛りが強くなっちゃう。関東の人が頑張って大阪弁を喋ろうとしているのと同じような感じかもしれません。余談だけど、ブラジルの選手ってカリフォルニアに移り住むケースが多く、ラテン人はNYに移ることが多い。伝統的というよりポップなラティーノはマイアミかな。どうしてだろうね。

1989年のある時、それでもNYで10年選手になる頃です、「HARU、ちょっとエキサイトした時とか、心の中に怒り（＝上手くいかないこと）がある時に、グルーヴしない何かがちょっとだけ見えるよ」と、共演者にいわれたことがあります。「どんな風に聴こえる?」と尋ねたら、「メガネでカメラをぶら下げた日本のビジネスマンがダガディギダガディギと喋ってる感じ!」だって。これにはショック! 「それってカッコ良いの?」と聞くと、「いや、カッコ悪いね」……ガーン! 日本人のセッションに行くと、楽器は上手いけど、やっぱり「日本人な感じ」に聴こえるといってましたね。直すべき、直さないべき、悪くいわれてるんじゃなくて、あいつらが分からないんだ、と思っても良いのです。個人の問題です。あなたがどう感じても自由な問題です。

精神的な問題でひとついえることは、演奏するときはリラックス!ということはアメリカでは平均的かな。「テンションを上げる」とか「モチベーションを高める」などの外来語は英語の意味とは違います。ワールドクラスなジャズマンの間では緊張感が高まるのは音楽の中身の問題です。平常心でリラックスしてプレイできるようにスポーツ選手やジャズマンでガムを噛んだりする人も多いのです。最近では日本でも珍しくありませんね。

ジョー・ジョーンズJr.にも、同じことをいわれたことがありました。「君のことじゃないけど」と念を押したりして……「日本人は一生懸命演奏をすると、必ずサムライっぽくなるな。だけど、ジャズはもうグローバルな音楽だから、音楽が良ければそれで問題ない。気にするな」(再:僕のことではありません・笑)。母国語や文化の違いが音楽的な違いを生むことは、音楽が好きな人なら誰でも感覚で知っていることです。でも自分がプレイす

る立場ではここから離れてしまいます。もちろん演奏中は何も考えない方が良いのですから、思い出すべきではありません。でもプレイヤーは演奏していない時に時々認識してみると感覚的に整理がつくと思います。

１９９０年代半ば頃、穐吉敏子さんと対バン、共演の機会をいただいた時にこのお話の逆ヴァージョンの話をいただいたことがあります。場所は、今はもうないけど、セントラルパークにあった歴史的なレストランで、中にライヴ・スペースを持っていたタバーン・オン・ザ・グリーン。僕のバンドはリッチー・モラレス（ds）、ジェフ・アンドリュース（b）、ロブ・シュイマー（p）、アート・タンクボヤチアン（perc）でした。穐吉さんが「あなたのバンドの人は、あなたがやりたいこと、やってることを今ひとつ分かっていないと思う。みんなすごく上手いんだけど〝ジャズ〟というスタイルであなたの〝曲〟を演奏しているように聴こえる。あとで私のバンドでも弾いてみなさい」とおっしゃって、僕は穐吉さんのバンドに飛び入りすることになりました。テリー・クラーク（b）、ジョージ・ムラーツ（ds）といった豪華なメンバーでした。この模様はＮＨＫの『Live From New York』という名前の一時間番組として放送されました。

渡米してバークリー音楽院を卒業されてからの素晴らしい活躍をされていた、当時の穐吉さんの演奏は日本的な感じは全くなくて、米国では女バド・パウエルと呼ばれたりしたそうです。だけど、ジャズ史に残る名門ヴァーヴからレコードを出し全米デビューを果たした時に、日本の着物を着てプロモーショナルなライヴをやるような方針を組まれたそうです。今ならハラスメントになるかもしれないことだけど、当時は「ゲイシャ・プレイズ・ピアノ」というコピーまであったそうです。「私はジャズ・プレイヤーで日本の音楽はやっていないのに……」と本当に悔しかったそうです。だけど、長年演奏を続けていくと、本当の自分、自分のバックグランドについてよく考えるようになったそうです。着物を着るのは拒否して、やめることができたけど、反面、自分が日本人であること、自分のジャズには日本人としてのバックグラウンドがあることに覚醒し、日本人であることから逃げないようになったどころか、それからが本当の穐吉ミュージックの始まりだったそうです。

穐吉さんは僕に「あなたの背景に独特な日本が見えるわ。そのことをメンバーが分からないとね。私は今日の演奏の中で、ギター・ソロこそがあなたの独自の世界だと思ったわよ。ソロ、おやりなさい!」とおっしゃいました。でも、ギタリストにとってソロのアルバムというのは、あらゆる意味で難しいし、何年たっても無理だろうなと思っていました。だけど、そのエピソードを2005年頃に当時の僕のプロデューサーにうっかり話してしまい、「じゃあ作りましょ!!」と話を決められ、僕のギター・ソロ・アルバムの『HARU SOLO』を作ることになったのです。

僕たち日本人はアメリカのジャズとは別なセンス、語り口で表現ができます。でも音楽は結局個人の表現ですから、これも大した問題ではないのです。当てはまらない人もいる

しね。個性的であればそれでいいんです。個性的というのは「自分の音楽」ということです。

ヨーロッパの人も中東の人も、それぞれ独特のアクセントを持っていて、その影響が見え隠れしますが、その方が自然です。違うアクセント同士でバンドやっても、それは会話と同じで、素晴らしい演奏にすることができます。とはいってもグルーヴには共通のアクセントやポケットがあります（ポケットとはリズムが美味くハマるツボみたいなところ。人によって少しずつ違うのかも。大いにハマる時は「Same pocket!!」でブラザー化する。LOL）。まずはジャズ・ヒストリーとともにこれらをマスターすべきだと思います。

僕にとっては、かっこいいジャズだけが、「ジャズ」です。NYに移り住んだ日本人やいろいろな国からの外国人ジャズマンが増えて、今やアメリカ人ジャズマンの人口に迫る勢いです。アメリカは移民の国ですからこれも当たり前の話です。しかしながら、どんな時代も同じ「時」はそう続かず変化するものです。今見えてなくても、きっと現在の魅力が素晴らしいものであることを祈っちゃいます。

**注1**：『Getz / Gilberto』……スタン・ゲッツ（ts）とジョアン・ジルベルト（vo, g）が1963年に録音し、翌年発表したアルバム。アントニオ・カルロス・ジョビンも参加して

いる。ビルボード誌のアルバム・チャートで2位に輝く大ヒットとなり、シングル・カットされた「The Girl From Ipanema」も5位に達した。

**注2**：ソウルフード……アフリカ系アメリカ人の伝統料理の総称。クレオール料理とケイジャンの影響を受けている。

# 第5章 ロックとジャズ

## ◆ジャズから生まれたロック

第2章で書いた通り、スウィング時代のビッグ・バンドの練習としてコンボ・スタイルが一般化し、そこからビバップも生まれました。でもHotなBe Bopではない、もっと当時（1940年代〜1950年代）のスウィングや歌ものスタンダードをそのまま受け継ぐメインストリームなコンボ演奏は当然多くありました。ラジカルなNYのバップよりもアメリカ全体的にはこういうジャズが主流だったのです。当時の流行歌やポップスは今でいう「ジャズ」です。メロディ・ラインにしてもレスター・ヤング（ts）やベン・ウェブスター（ts）のように流れるようなメロディでできていて、いわゆる安直な練習パターンなど出てこない名手がたくさんいました。今日ではそれらを「中間派」と呼び、その呼称も愛されていますが、これはジャズ評論家、大橋巨泉氏の創作ワードだそうです。英語でははっきりと当てはまる言葉はなく、強いて挙げれば「Main Stream」とか「Modern Swing」だったかと思われますが、今はそれを知る人は誰もいないので、考えても仕方ありません。「当時のメインストリーム」という意味を踏まえて、想いを馳せれば良いと思います。

スウィングのバンドは自分たちのライヴやコンサートの他にはダンス・パーティーが経済的にも大きな仕事でした。ダンス・パーティーの中でもアメリカ人が全て通過するもの

といえば「プロム（Prom）」です。高校の卒業記念パーティーともいえるけど、お見合いという慣習のないアメリカ人にとっては　カップルで参加するプロムは初めてのデートとなる人が多かったのです（特に昔はそうですね）。メインランド（アメリカ本土という意味）のほとんどの職業は農業でした。幼稚園の年長から高校までが義務教育であるアメリカは、卒業後（進学はマイノリティーだった）すぐに仕事をする人たちには生涯のパートナーを見付ける場という意味合いもありました。だから、両親も応援して、衣装（タキシードやスーツ、イヴニング・ドレス）を用意し、男子にはお迎え用の車を用意してあげます。今は大学へ進学する人が増えて、特に都会では晩婚化が進んでいるとはいえ、やっぱりプロムのパートナーと結婚する例は珍しくありません。あまり幼く結婚してしまうので離婚も多いといわれています。日本の離婚事情とは違うね。プロムは卒業式と同じくらいビッグ・イヴェントなのです。昔からプロのビッグ・バンド（ほとんどがローカルでしょうけど）を呼んでプロムで演奏してもらうことは普通で、多かったし、メインストリームなコンボがダンスの伴奏をすることはどんどん主流になっていきます。現在はＤＪなどを使う学校もあるけど、やっぱり生演奏のバンドを入れることが主流です。

ロバート・ゼメキス監督の映画『バック・トゥ・ザ・フューチャー』は観たことがありますか？　１９５５年にタイム・トラヴェルした主人公が、あるふたりをダンス・パーティーでペアにしようと奔走するストーリーです。あのダンス・パーティーがプロムです。

映画の中でもプロムでペアになったふたりが……観てない人のためにこれ以上はいいません。

映画の中でのプロムのシーンを思い出してみましょう。ギター、ピアノ、ベース、ドラム、サックスという5人編成の黒人バンドで、ロックでもないし、ジャズにしてはちょっと単純という音楽をやっています。曲はアメリカ人なら誰でも知っている「Night Train」。あんな感じのダンパ用のバンドはメインストリーム・ジャズから派生した当時のポップスのコンボです。映画ではそこに主人公役のマイケル・J・フォックスが飛び入りしてチャック・ベリー以前に「Johnny B. Goode」を演奏してしまい、歴史が変わってしまいます。ロックの歴史は実際にはよりポピュラーな曲を演奏するジャズ・オリエンテッドなバンドにブルース・ギター・プレイヤー、またはチャック・ベリーのような当時の先端をいくプレイヤーが入って、ブルース・バンドからロックン・ロールに進化していきます。

チャック・ベリーがチェス・レコードに残した初期の録音を聴くと、バック・バンドが微妙にスウィングしていて、今でいうストレート8thにまだなりきっていません。『バック・トゥ・ザ・フューチャー』ではそんなグルーヴで「Johnny B. Goode」がちゃんと再現されています。蛇足だけど、映画の中でマイケル・J・フォックスの弾いていたギターにはハムバッカー（ニッケル・カヴァーの小さなお弁当型）というピックアップ（ギター用のマイク）が見えます。舞台となってる1955年はハムバッカーが発明される前なんだ

よね。まだ存在しないギター使ってたことになっちゃう……惜しいなあ。
話を元に戻しますね。チャックの音楽性のリズムの中心だけど、エリントンのブギウギやクレオール・ミュージックなどのスウィングを源流とするシャッフルなグルーヴが中心です。それこそがロックの源流になっています。エリントンのブギウギをギターで再現すると、ロックン・ロールの基本的なパターンと同じになります。これは文章や本では伝えられないので、興味ある人は僕の教室に来てみる?
ちなみに日本だと、「ロック」と「ロックン・ロール」はジャンルとして使い分けられてる傾向があるよね。ロックはハード・ロック以降のロックで、ロックン・ロールは革ジャンでリーゼントという感じ……。でも、英語的には全く同じものです。略しているかどうかの違いだけ。日本でいうロックン・ロールは、アメリカではロカビリーになるのかな。アメリカ南東部にある白人伝統の音楽をヒルビリーといいますが、Hillbilly ＋Rock'n Rollの造語がRockabillyです。

## ◆アメリカン・ポップスの源流はスウィング

アメリカン・ポップスは、ほとんどがスウィングを源流にしているといえます。初期のロックン・ロールのバンドは時代的にもスウィング時代後にあったわけですから、ジャズから遠い位置にはいませんでした。現在のポップスなジャンル、ブルースも、ソウルもR&Bもロックも、みんなスウィングのプレイヤーによって演奏されていたのです。プエルトリコ系のラテン音楽もスウィングに取り込まれてサルサ／ニューヨリカンになったわけですから、これもまた親戚です。

ブラックなポップスにはブルース、ゴスペル、リズム&ブルース、ソウルにドゥーワップなどがあります。そのひとつのドゥーワップは黒人のコーラスによる音楽ですが、ゴスペルが元になっているといわれています。ですから曲の構造としては普通の楽曲であることが多く、ブルース的コード進行やファンキーなグルーヴというわけではありません。プラターズの「Only You」を思い浮かべてもらえば分かると思います。リズム的には同じトリプレット系（3連符系）でも、シャッフルよりもトゥエルヴ（12／8拍子系）が多く、それはのちにロッカバラードなどとも呼ばれます。ソウル（特に初期の楽曲、シュープリームスやそのグループ出身のダイアナ・ロスなどの曲）の初期もこのドゥーワップの発展系でもあります。

ブルースは1920年代頃から南部、ミシシッピ辺りから都会に進出というか、伝わったというのか、広がっていったわけですが、元々はギターと歌の弾き語りでした。それが都会でバンド化したというのが定説です。当時の一般黒人の経済力で高価な楽器を買うことは大変だったようです。経済的にも恵まれている黒人はやはり都会に多かったので、し

かもアメリカ北部の方が南部よりは差別がちょっとはマシだったと思うので、そう考えるとバンド化のこと、頷けます。ブラックなポップス、ブルースの成り立ちなど、当時の背景を感覚的に知るには、ビヨンセが製作総指揮をした映画『キャデラック・レコード』を観てみましょう。ビヨンセはエタ・ジェイムズ役でも出演しています。音楽はテレンス・ブランチャード。南部で見出されたマディ・ウォーターズはシカゴに上京（上京とはいわないか?…笑）、そこで中間派のジャズ・バンドに近いタウン・カジュアルなバンドをバックにして、バンド・スタイルのブルースを録音します。マディやハウリン・ウルフに曲を提供していたウィリー・ディクソンも、ウッド・ベースを抱えたジャズ・ベーシスト兼アレンジャーです。この映画を観るとブルースからロックン・ロールになっていく様子や、当時のブラック・ミュージックの背景、音楽産業がどんな感じだったかを窺い知ることができます。映画半ばでイギリスからファンとして押しかけるローリング・ストーンズも出てきます。このことは、イギリスのロックがどういう成り立ちをしたのかを示唆しています。

ロックが台頭していく時代でも、1950年代までのポップスというのは、女優さんが歌うポップス＝ジャズというのは定番のひとつでした。これはマリリン・モンローやドリス・デイをイメージしてもらうと分かりやすいと思うけど、歌っているのはジャズなんだよね。1950年代のプレスリーもジャズ的なグルーヴなもの、1960年代になるとドウーワップが源流なバラードも多かったね。その後、ジャズとロックが別の道を歩んでいくのは音楽性の違いから当たり前ですが、やはりビートルズや他のイギリスのロックの影響があると思います。ジャズからくる要素よりも、ヨーロッパ独特のクラシカルなアカデミズムや、そういったケーデンスを持つイギリスの音楽は、ブルージーというよりも別のアトモスフェアを作っていきました。

ハワイアンにもスウィングの要素があります。ハワイに白人ミュージシャンがカントリー&ウェスタンを持ち込んで、それが現地の歌とリズムと融合して僕ら日本人の知るハワイアン・ミュージックが生まれたとされていますが、これは聴くだけで容易に窺い知ることができます。1950年代までのカントリー&ウェスタンを聴くとかなりスウィング的なグルーヴを持っています。当時はジャズがポップスであった最後の時代でもあるし、スウィングな感じはある意味当たり前なのかもしれませんね。実は、カントリー&ウェスタンこそ現在でもアメリカ音楽産業で一番のシェアを持つ音楽です。アメリカ民謡、ブルーグラスを基本要素に、ジャズ的なスウィングなリズムや、プレスリーのようにヒルビリーなセンスにロックンロールが融合したりして成り立ちました。現在のカントリーはもうロックなのかカントリーなのか、日本人には区別が難しいと思います。一方、前出のハワイアンは、スウィングに、カントリーにポリネシアンなセンスと、ポルトガルなセンスが融合して現在のハワイアンに繋がっています。ちなみに、ハワイのウクレレとブラジルの

カバキーニョはナイロン弦と鉄弦の違いはあるけど似た楽器です。元はといえば、どちらもポルトガル人が持ち込んだものです。

一部のアメリカ民謡かブルーグラスを除いて、カントリー、ロック、ポップス……これらの源流がスウィングするジャズ。だから、アメリカで育った人たちにとっては、ジャズをやることは日本人が思うほど特殊ではありません。日本人でいえば、演歌や歌謡曲の有名曲は何となく耳に残っていて、好きではなくても歌詞を見れば何となく歌えたりするようなものです。同じような感じで、ロック・ミュージシャンでも、フランク・シナトラが歌っていたようなスタンダード曲はそういう環境で育っているから知っているし、何となく歌えてしまいます。

最近のレディー・ガガのように高いレベル以上でジャズを歌える人は流石に珍しいけど、実力派の彼女がトニー・ベネットと一緒にアルバムを作ったことは、アメリカ人にとってはそれほど意外なことではなかったのです。レディー・ガガといえば、来日すると新宿の某ホテルが御用達。そのレストラン・ラウンジで毎夜在日アメリカ人ジャズマンによるトリオが演奏していますが、ガガが突然シットインしてきたことがあるそうです。その場で何曲かを指定して、やっぱりスタンダード・ソングをやっています。事前に準備していなくても、ちゃんと「持ち歌」があるわけです。こういうエピソードを聞くと、アメリカ人が持っているジャズ文化の厚みを感じます。

## ◆ストレート8thの追求と発展

前にも書いた通り、ジャズ・ロックという意味ではリー・モーガンの「The Sidewinder」（1963年）が最初といわれています。日本ではあまり一般的ではありませんが、ブーガルー（Boogaloo）というリズムの一種で、正直いうと僕にはジャズ・ロックには聞こえません。ルー・ドナルドソンの「Alligator Boogaloo」（1967年）は代表的で最も有名ですね。ブーガルーはボサ・ノヴァのムーヴメントの次に来た流行でもあるのです。オルガンや特にギターは、判子を押すように、ずっとブーガルーのパターンを弾き続けます。アメリカでの流行は1970年までには終わってしまうけど、今でも、ジミー・スミス的なスタイルの伝統的なオルガン・プレイヤーと一緒に演奏するなら、ブーガルーは必修科目です。

1960年代のその時期に、スウィング以外のロック的リズムが増え、ロック、シャッフル、ロッカバラードやシェイクなど、いろいろなグルーヴが流行っていきました。8ビートは英語ではストレート8thといいます。でも、それだけだとどんなリズムだか分からないから、グルーヴの名前で指し示すことが普通です。ストレート8thの現代版も含めると、ECM系コンテンポラリー、Rock、Bossa Nova、Boogalooなど。まあ、全部8ビートといえるけど、それは和製英語。アメリカだと4ビートは4拍子だから、8ビートは8拍子、16ビートは16拍子ということになっちゃうよね。

１９６０年代半ばには、ストレート8thなロックにスウィングが混ざったような「シェイク」も流行りました。これは日本の歌謡曲界でも流行しています。例えば、「もりと〜いずみに〜」でお馴染みの、ブルー・コメッツの「ブルー・シャトウ」（１９６７年）がこのリズムです。当時としては最先端のリズムで、「シェイクが叩けるドラマーがいたぜ！」と話題になるくらいでした（笑）。

「ゴーゴー」もこの時代の生まれです。当時のブラック・ミュージックのソウルに至るまでは、ブルース、ゴスペル、ドゥーワップにR&Bが次々と積み重なっていくような感じでできていきました。１９６０年代中期になるとGoGo!（リズムやダンスの呼び名）が流行り、有名なモンキー・ダンスもこのゴーゴーのヴァリエーションのひとつとして流行りました。それが１９７０年代の『サタデー・ナイト・フィーバー』が始まるくらいまで続きます。いわゆるディスコな時代の幕開けですね。

１９６４年にリー・モーガンの『The Sidewinder』がジャズ・アルバムとしてヒットしましたが（録音は１９６３年）、もっとポピュラーなヒットになったのはハービー・マンの「Comin' Home Baby」（『At Village Gate』（１９６１年）収録）でした。１９６０年代中期になる頃には、リズムの強力さでいえばやはりR&Bのグルーヴがカッコいい時代でした。

マイルスが『Miles In The Sky』（1968年）でアルバムとしては初めてギター（ジョージ・ベンソン）を導入し、それまでのモダン・ジャズを超える何かを表現すると、1969年にはその後の音楽を示唆するような決定打『In A Silent Way』が出ました。リー・モーガンやマイルスがジャズというアートであるのに対して、ハービー・マンはまるで対極のようにポピュラーなジャズに徹し『Live At The Whisky A Go Go』（1969年）では、ジャズとしてはいち早くシェイクやゴーゴーなリズムを取り入れ（ちなみに「Whisky A Go Go」とはクラブの名前）、さらには強烈なリズム&ブルースのワン・コードのリズムに乗った大ヒット・アルバム『Memphis Underground』を出しました。ハービー・マンは現地的ボサ・ノヴァやサンバを取り入れた最初のジャズマンだし、新しいものを取り入れポピュラリティを得ることにすごく貪欲で鋭いというか、楽しいアイディア満載でした。今聴いても何ひとつ色褪せていません。こういう「対極のポピュラリティ」があるからこそ、ジャズがアート化してもやってこられたのかもしれません。様々な方向性を持ってExploreしていったのがジャズなのです。

## ◆ジャズ・ロックの楽器の変化

1960年代になると電気楽器がより一般的になってきます。楽器の面から、ジャズの変化を見てみましょう。

ストレート8thなリズムがジャズに入ってくるのと前後して、ジャズにもウーリッツァーやローズといったエレクトリック・ピアノが導入されてきます。キャノンボール・アダレイの「Mercy Mercy Mercy」（1966年）の作曲者でキーボーディストのジョー・ザヴィヌルや、マイルスの『Miles In The Sky』や『Filles De Kilimanjaro（キリマンジャロの娘）』でハービー・ハンコックが弾いていました。ローズ・ピアノはローズ社長が軍事用に開発したもので、それだけに軍事用のパーツで作られました。余談ですが、爆撃機B29の払い下げの部品の磁石を大量に買ったのもローズさんで、そのアルニコという磁石を買い、それでピックアップを作ったのがギターの会社ギブソンなのです。P90やPAF（パテントを取る前のハムバッカー）がそうです。やがてローズ社はフェンダー社を買収したCBSに買われてしまい、CBSの持つ同じ工場内に統合されます。そこでフェンダーのアンプ技術と繋がり、フェンダー・ローズとなるのです。演奏面では新しいサウンドを求めていたジャズですが、1960年代にはどんどん新しい楽器を導入します。1960年代は新しい楽器が飛躍的に発展した時代です。特にエレクトリックな楽器は、音色もそれまでのエレクトリックな楽器とは一味違うものが多くなったのです。ジャズマンはそれを見逃しませんでした。

1960年代後半になると、ジミヘン（ジミ・ヘンドリックス）で有名な「ファズ」という音を歪ませるエフェクターが誕生します。それまでの歪みは真空管のアンプのヴォリュームを上げただけでオーヴァーロードして歪んでしまう（ナチュラルな）クランチのみだったのです。ファズが矩形波的でパリパリしすぎるので、オーヴァーロードして得られるノコギリ波（三角波）のような、しかもサスティーンのある「ディストーション」や「サスティナー」などが発明され、最先端のプレイヤーたちはどんどん取り入れていきました。ロックやブルースのナチュラルなディストーションを使い始めるジャズ・ギタリストが現れます。ハービー・マン（これも！）の『Memphis Underground』（1969年）で、ラリー・コリエルがオーヴァードライヴ気味のクランチで（アンプで歪ませて）弾いているのが、ジャズでのディストーション・サウンドの始まりではないかと思います。同じ時期にジャズ畑でいろいろな人がディストーションを使い始めていますが、本格的なロックの黎明期でもある時代なので、ブルースをエレメントとし確立しつつあったロック・ギターをジャズに取り入れようと、ギター・プレイヤーたちは取り組んでいたのですね。1960年代中期は、ロックとは平行した感じでカントリーから出てきたヴェンチャーズが流行り始めた時代でもあります。その頃はロックもほとんどがクリーンな音です。後半になってディストーションがロックでも普通になってきた頃、ラリー・コリエルは最初のイノヴェイターで、彼が始めたフィードバック奏法（中が空洞のギターを使用しているとフィードバックしやすい）はロックにも影響を与えて、エリック・クラプトンやジョン・レノン（プラスティック・オノ・バンド）が頻用するようになりました。また、1970年頃はロック・ギターの特徴であるベンディング（当時はチョーキングといっていた）ができるような柔らかい弦がやっと発売された頃で、まだ日本では入手が困難でした。

マイルスがギターをバンドに入れようとしていた時、ジミヘンの影響を受けたような、ロックなギター・プレイヤーを探していました。南部なブルースよりも、シカゴなブルースよりも、ジミヘン系の人はブリティッシュ・ロック系がほとんどです。当時クリームで活躍していたエリック・クラプトンと、フロッグというロック・バンドで活躍していたジョン・マクラフリンが候補に挙がったそうです。ゴードン・ベックなどイギリスを代表するジャズマンとも共演しているマクラフリン氏はジャズ・オリエンテッドなプレイヤーですから、すぐに結論が得られたようです。クラプトンがあまりにもビッグなロック・スターだったからオファーできなかったという噂もあったけど、実はマクラフリンの方を気に入っていたんですね。マイルスには、マクラフリン氏がジャズ・オリエンテッドなのに、「何をやっているか分からない」ように聴こえたんだって……噂だけど。

マイルスがジョン・マクラフリンを入れて『Bitches Brew』（1970年）を作った時は、ギターの歪みはアンプのナチュラルなクランチでした。だけど、『A Tribute To Jack Johnson』（1970年）になると、同時代のロック的なディストーションでガンガン行ってます！　音的にはマスター・ヴォリュームの付いてるアンプのドライヴでしょう。

ジャズ・ドラマーがロックなストレート8thに取り組む機会も増えました。マイルス・デイヴィスは、1964年にマイルス、ハービー・ハンコック、ロン・カーター、トニー・ウィリアムス、そしてウェイン・ショーターという通称〝黄金のカルテット〟を結成します。『Miles In The Sky』（1968年）からはロック・ビートを取り入れて、トニー・ウィリアムスがストレート8thなロックを叩いている様子を聴くことができます。ロック・ビート&エレピというスタイルも完成して、それが1970年代からその後まで続くことになります。

マイルスの『In A Silent Way』（1969年）の「Shhh」では、ストレート8thのビートに乗せて、チキチキチキチキという16分音符のトニー・ウィリアムスのハイハットを聴くことができます。いわゆるファンク・ドラム的な刻みではなくて、ハットにはランダムなアクセントが入るリズム・パターンで、グリッドがはっきりしてる割には自由度が高い雰囲気です。ハービー・ハンコック（e-p）に加えて、チックコリア（e-p）とジョー・ザヴィヌル（org）が参加しています。タイトル曲「In A Silent Way」はザヴィヌルの曲。このセッションの頃には既にウェイン・ショーターとザヴィヌルはミロスラフ・ヴィトウスのアルバム・セッション（『Purple』）に参加していますが、これらを機会にこの3人がウェザー・リポートを結成します。ウェザー・リポートが音楽的に先を進んでいく中で特筆すべきひとつの局面が、シンセサイザーの使用です。ローズにエフェクトから始まり、モノ

フォニック（単音しか出ない）のミニムーグをはじめ、当時最新鋭で値段もサイコーだったARP2600、プロフェット5、オーバーハイムなどを使用していました。まだFM音源（ヤマハＤＸ７）もデジタル・シンセもない頃で、8音ポリフォニックがやっとの時代でした。

ベースでも大きな変革がありました。１９７０年代になると、メイナード・ファーガソンなど、ポップスに近い立ち位置のビッグ・バンドが増えていきます。これはクロスオーヴァー／フュージョンの影響があります。ポップスに近いということは、当時も今もポップス＝ロックですから、ジャズのバンドの中でもエレクトリック・ベース（ベース・ギター）が台頭してきます。エレクトリック・ベースのジャズでの使用は、音楽的にはマイルスの『Filles De Kilimanjaro（キリマンジャロの娘）』が有名ですが、１９６０年代中期には当たり前くらいには増えていたのです。コントラバスで大きな音に増幅できるピエゾ・ピックアップが普及するのは１９８０年代になってからなので、ロック・ビートに対応できる音量を出すならば、エレクトリック・ベースを使うしか選択肢がなかったし、その音質はロック・ビートに向いていています。

エレクトリック・ベースには別の大きなメリットもありました。ベーシストが手持ちで運べることです。バンドの移動で最も手間や輸送費がかかるのはコントラバスで、一時期のエリントン・オーケストラまでもエレキ・ベースにしていたことがありました。また、ジャズから遠くはないけどジャズのフィールドでもない先端をいくアーティストの影響は、1970年代では最も大きなインフルエンスとなります。スライ&ザ・ファミリー・ストーン、同グループの元祖チョッパー（当時はまだスラップとは呼んでいなかった）のラリー・グラハム、そしてジェイムス・ブラウンなどR&Bのフィールドからの影響は大きかったのです。

エレクトリック・ベースのことを書き出したらそれだけでも本1冊になってしまいますから、この辺りにしておきますね。

## ◆ジャズ・ロックと現代のジャム・バンド

イギリスに目を向けてみると、1960年代末にロックにクラシック的な要素（または部分的にはジャズ的な要素）を取り入れた、前衛的でヴィジュアルな印象と表現のプログレッシヴ・ロックが発生します。これがアメリカのロック・シーンにも飛び火します。面白いことに、アメリカのジャズマンがロックを取り入れるのと、ほとんど同時代の出来事です。プログレにジャズ的要素を持ち込んだのは、多くはオルガン奏者です。しかし、日本的視野で見るとこうなりますが、前にも書いた通り、ロックとジャズはルーツは同じですから、すごく客観的に見たら両ジャンルがそのセンスを刺激し合ったということになりますけど、ミュージシャン個人としては自分のやりたいことに、もう少し自分から距離のあるセンスを取り入れていったということに過ぎません。

1970年のシカゴにマデュラ（Madura）いうオルガン・トリオがいました。ハード・ロックにジャズ的な要素を強くしたこのバンドは、今でいうジャム・バンドのようなバンドでした。ハモンド・オルガンとジャズの関わり合いは、ジミー・スミスをはじめとして深いものがあります。ロックではもっと広く使われてきた楽器です。マデュラのようなハモンドをメインにしたトリオの他に、エマーソン、レイク&パーマーのようなプログレのバンドや、ポップなプロコル・ハルムのように広く使われてきました。ロックでは、定番になったハモンドに対して、少し異質なヤマハ・オルガンも使われ始め、プログレなどの定番になります。ジャズではマイルスがヤマハ・オルガンを導入したことが有名で、そのサウンドはアルバム『A Tribute To Jack Johnson』でよく聴くことができます。このアルバムはマイルスの最もロックでファンクなアルバムだと思います。即興的な演奏（ジャム）を録音したものをプロデューサーのテオ・マセロとマイルスによって、いわゆるEditing（編集）をすることでさらに作り上げる手法の、手始め的作品でもあります。この作品のあとは、ロックでもジャズでもこの手法が普通になっていきます。

このようなジャム・セッションはアメリカ全土のジャズ/ロックなミュージシャン、一般の人もプロの人でも、みんな若い時にガレージに集まってジャムをやることは定番で、アメリカ人にとっては青春の思い出のひとつです。ジョン・スコフィールド師も「若い時にさ、みんな集まって、さあ何やる？　といっても、スタンダードも曲も知らないから、結局ワン・コードで延々ジャムするんだよ。みんなやったよね？　今の流行のジャム・バンドは俺たちの世代には、ガレージ・バンドといったほうがピンとくるよね！（笑）」という感じでいっていました。

マデュラのように、ロックなドラムにジャズ的ハモンドにジミヘン的なギターというトリオは、一時定番といわれるほどの編成になります。ハード・ロック、プログレ的なサウンドとしてもその幅を広げました。

これを1990年代後半以降に復活させたともいえるのがジャム・バンドです。ジャム・バンドは、ハモンドにファンクなドラムにグラント・グリーンなギターだったり（例えば、ソウライヴ）、ジョン・スコフィールドのウーバージャムのようなバンドだったり、ジャム・バンドではないけど、並行して起きたムーヴメントとしてはUS3のようにDJとEdit（編集）を使ってやるラップ・ジャムにリアルなミュージシャンが参加するスタイルもあったりで、現在に繋がっています。

## ◆コンテンポラリー・ジャズ・シーンの多様化とその始まり

「クロスオーヴァー」から「フュージョン」に呼び名を変えたポップなジャズに、1990年代以降は「スムース・ジャズ」という名も加わりました。当時のGRPレコードが持つNYのFMステーションで「CD101.9..It's a Smooth Jazz!!」というジングルを沢山流していたことからスムース・ジャズという言葉が流行り始めます。自社のGRPの宣伝目的のチャンネルでしたが、この言葉が定着し、フュージョン以外の、例えば英国のシャカタクやシャデイの「スムース・オペレーター」や、ジャズ扱いされていなかったAORも含めてこう呼ばれ始め、広義なジャンルになったのです。そして現在、米国ではこれらを総称して「コンテンポラリー・ジャズ」と呼びます。これはグラミーのジャズ部門のひとつとして設定されたのが由来です。ですから「コンテンポラリー」といえば、フュージョンな感じを指します。日本ではちょっと違って、アーティスティックで現代的な音楽、例えばECMのようなものとかを指すことが多いですね。

こういった米国におけるコンテンポラリー・ミュージックの在り方は、コマーシャルなジャンルとしても定着します。車を運転している時にちょうど良いとか、お洒落な音楽であると世間的な評価を受けていました。ジャズ評論の世界ではコマーシャルであるということは揶揄の対象になりがちです。しかし素晴らしい音楽であれば関係ありません。内容が素晴らしい音楽で、しかもビジネスとしてソフィスティケートされていれば音楽ビジネスとしては大成功です。時代を牽引していくような力を身に付けたようにも見えると思います。現在ではむしろこういう音楽の在り方が見えてきませんね。１９９０年代に入ってからは「打ち込み」の流行により、予算削減をしながらポップなジャズを作り出すことも新たなトレンドとなりました。こういった「打ち込み」は作曲家にとっては人を使うよりもむしろ自分の脳内で作られた音楽を忠実に再現できるのだから革命的でした。しかし「打ち込み」は安っぽくて粗悪な商品を生み出すことにもなり、ジャズにおけるスムース・ジャズやその周辺にはそんなものが沢山あります。

　そうした風潮とは無縁ですが、少し時代を遡ると、コンスーマーなレベルとは関係なく一貫して「ファインアート」をやってきたマイルスやウェザー・リポートのような「アーティスティック」なジャズ・フュージョンがあり、その時代のNYのプレイヤーたちの多くはそこをずっと追い掛けていたようにも思います。ソウル、ブルース、R&B、ファンク、ラテン、サルサ、サンバ、ボサ・ノヴァ、ヨーロピアン・コンテンポラリー、クラシックなどの要素は現代のミュージシャンにとっては持っていて当たり前のフィーリングでもあります。こういったコマーシャルな動きも可能なグレートな音楽とは一線を画するように、１９７０年代中期のマイルスはフュージョンなバンドから、ファンクなビートは強力であるけれど内容はフリー化した演奏をし、変化します。キース・ジャレット、チック・コリアにアイアート・モレイラ（perc）が加わったセッション辺りから前衛的になります。アルバム『Agharta』『Pangaea』の２作品は、そういったコンセプトの最終系なのかな……

すごいです。そのあとマイルスは1980年にカムバックするまで、しばらく音楽活動をお休みしていました。フリー・ジャズ化したファンクは「パフォーマンス」という要素も大きかったようです。ステージ上の演出も含めた総合的な表現ですね。例えば、メンバーがひとりで袖から出てきて、順番にひとりずつ演奏をして、終わったら袖に下がっていくというようなパフォーマンスもあったそうです。このパフォーマンス化は1940〜1950年代の現代音楽の姿勢にも似ています。クラシックのジョン・ケージの辺りまでマイルスは独りでたどり着き、少し休んだようにも見えるのです。それから『Agharta』『Pangaea』のジャケット・アートは世界の美術史に名を残す素晴らしいアーティスト横尾忠則氏が手掛けていることも特別です。マイルスの比重にあったアーティストによるジャケットは美術史にも残るでしょう。アンディー・ウォーホールがケニー・バレルなどのブルーノート・レコードのジャケットを手掛けていたことを思い出しますが、まさにモダン・ジャズがポピュラー（一般的に）になってきた時代のアルバムに、ポップ・アートの時代の寵児になっていくアーティストのコラボは歴史的なものでした。

## ◆シンセと編集による新しい音

1970年代になると、音楽界ではキーボード、シンセサイザーが大流行しました。それまでの1960年代にポップス全般にポピュラーになったエレピ（フェンダー・ローズ・ピアノ）やハモンド・オルガンはアナログな楽器であり、現在でもキーボードの主流です。1970年代ではホーナー社のクラヴィネット（エレクトリック・チェンバロ）はリズムに欠かせない楽器としてポピュラーでした。スティーヴィー・ワンダーの「Superstition」といえば思い出すでしょう？ 1960年代末から1970年代のロックのジャンル「プログレ」で有名になったものでは、のちにサンプラーのアイディアの元になるメロトロンもありました（ピンク・フロイドの『Atom Heart Mother（原子心母）』でも聴けます）。テープにストリングスなどの本物の音を録音しておいて、鍵盤を弾くとヘッドがそのテープの上を移動していき、リアルな音が出るという仕掛けです。いうまでもなくこれらの楽器はとんでもなく高価でした。

そんな中でシンセサイザーが台頭していきます。最初はムーグ博士のムーグ・モデュラー／モノフォニック（単音しか発信できない）から始まり、1970年にはやはりモノフォニックのミニムーグ（Minimoog）が一般発売になることから流行が始まり、各社、日本のローランドなども追い掛け、シンセを製作して行きます。それから「ポリフォニック（複音＝和音が弾ける）」へと開発が進み、どんどん新しい発明が加えられ、「新製品と新しい音」は続いていきます。全く聴いたこともないような電子音や知らない音色を聴くと、人は本能的にミステリアスな気分になります。ですから、SF的な音楽では特に使いやす

く、映画やテレビの音楽では特によく耳にするようになっていきます。
この流れは、比較的楽器には保守的だったジャズ界でも例外ではありません。いくつか例を挙げてみましょう。
ウェザー・リポートがウェイン・ショーターとジョー・ザヴィヌルによって結成され、初アルバム『Weather Report』が出たのは1971年です。リーダーのひとりでピアニスト／キーボーディストのジョー・ザヴィヌルはピアノとローズにワウワウ、フェイザーやディストーション、エコーなどのエフェクトをかけてサウンド作りをしていました。初期のレコードに入っているシンセっぽい音は、録音技術やエフェクトを使っています。そしてジャズ界ではまだあまりなかったエディティング（編集）。例えば、ピアノで和音を弾いてテープに録音し、その鍵盤を叩いたアタック音だけをフェーダーで落とすと、聴いたことのないような音になり、不思議な印象を与える。今の音楽技術では当たり前以前の方法だけど、そういった編集技術によって新しい音色や世界を作り始めていたわけです。
ウェザー・リポートのアルバム『Mysterious Traveller』ではミニムーグを導入し、その後もARPのオデッセイやプロフィット、オーバーハイムなどのポリフォニック・シンセを導入し、現在のキーボーディストの基盤となるスタイルを築いたともいえます。歴史本的にはね。こういうのって、いい換えれば、みんなまねっこして、まねっこした人を見てみんな同じの買って……、で、ポップスでもそうなって……。いい方悪いけど、この方が本当の流れが見えるでしょう？

　マイルスの音楽における編集技術はウェザー・リポートより前で、その源流です。エディティングというのは現代の音楽にとって重要なテーマであり、その最初は『Filles De Kilimanjaro』辺りから始まっていきます。編集されていることで有名な『On The Corner』（1972年）はもちろん、それ以前に戻ると『In A Silent Way』（1969年）もエフェクトやテープにハサミを入れたりして作られている部分があります。テープを逆さに録音したあとで元に戻すと、アタックのない小さな音から始まり突然終わるような不思議な音にもなります。

　その他にもフュージョンのシーンではこういったものが一般化され、録音技術も発展していきます。代表的な例としては、ジョージ・ベンソンの『Breezin'』（1976年）は当時クロスオーヴァーと呼ばれていましたが、そのバンドには、シンセサイザー／ローズ／ソリーナ（ストリングス・セクション専用機）担当のロニー・フォスターと、ピアノ／クラヴィネット／ローズ担当のホルヘ・ダルトのふたりのキーボーディストがいました。ふたりの複合キーボード／シンセによるオーケストレーションとパーカッションを加えた編成は、ライヴ・バンドの人数よりも拡大化されたサウンド作りの先進的な編成でした。サウンドはベンソン師と全然違うけど、バンド、オレゴン以前のラルフ・タウナー（g）のアルバムやライヴでは彼がオーバーハイムなどのシンセやピアノも弾いていて、コンパクト

なフュージョンな編成でした。これらはのちのフュージョン系のグループにも大きな影響を与えますが、パット・メセニー・グループ以前にもこういった編成はたくさんあったのです。

ポップ系、ヨーロピアン・コンテンポラリー系とくればやはりファンク系の旗手はハービー・ハンコックです。『Head Hunters』（1973年）の衝撃的なエレクトリックなファンク以来、1983年の大ヒット・アルバム『Future Shock』までの旋風はその時代のポップスの在り方、録音の方式などを変えてしまい、R&B、ロック、DJなど、本当に業界ごとというくらい大きな影響を与えてきたのです。

パット・メセニー・バンドは「シンクラヴィア」というサンプリング技術を使ったキーボード／レコーダーと、ライヴで実際録音した音、または打ち込んだ音と、タイムコードをドラマーに送ることによって共演を成功させた初めてのグループでもあります。こういった新しい技術は必ず音楽家に新しいヒントを与えます。音楽の進歩の陰には技術は付きものなのでしょう。

## ◆ジャズ・フュージョン／ファンクの時代のストレートアヘッド

1960年代後期から1970年代初頭にかけて、ジャズは急速にポップス、ロック、

R&B、ラテン、ブラジリアンなどを取り入れ、多様化が進み、フュージョンへと向かうわけですが、ストレートアヘッドなジャズもさらに進化を続けていきました。ジャズが常に新しい響きを求め様々な個性と作品を残していったことは、当時ブルーノート・レーベルを中心として「新主流派」と呼ばれたジョー・ヘンダーソン（ts）、マッコイ・タイナー（p）、エルヴィン・ジョーンズ（ds）、グラント・グリーン（g）、ボビー・ハッチャーソン（vib）、ハービー・ハンコック（p）などがこの時期に大傑作やヒットを連発していることでも分かります。

硬派でハードボイルドな印象のモーダル・アコースティック・ジャズ・プレイヤーのマッコイ・タイナーとなると、当時のロックやファンクのリズムからほど遠い気がしますが、実はロック的な要素に挑戦しています。正しくいうと、ロック的というよりは、彼らにとってはファンク的というのが正しいと思います。こういったブラック・ミュージックの旗手たちにとっては、僕たち日本人にロック的と思わせるビートのほとんどすべてが「ファンク」で、実際「スライ」なビートなのです。

マッコイはアコースティック楽器のみというモダン・ジャズな姿勢は崩していませんが、ウエザー・リポートの3枚目のレコードでやっているエリック・グラバットや、アル・ムザーンといった、ファンク・グルーヴを出せるドラマーを導入して新しい表現を試みていました。1976年のアルバム『Fly With The Wind』ではロン・カーター（b）、ビリー・

コブハム（ds）をバックにするトリオに、ヒューバート・ロウズなどのフルート・セクションにオーボエやソウルなストリングスを加えたパワフルなファンク・ビートが聴けます。「Wind」は英語ではそよ風などではなく、わりと強めの風のことです。そして僕には、Flyとは Slyをかけているのかな？　とも感じます。「スライとともにやってくる旋風」とは「ファンク」のことです。

１９６４年にコペンハーゲンに移住し、ヨーロッパを中心に活動してきたビバップなピアニストのケニー・ドリューの１９７３年のアルバム『Duo』は時代の寵児的だったベーシストのニールス・ヘニング・オルステッド・ペデルセンとのデュオで、ヨーロッパを代表するレーベル、スティープルチェイスからリリースされ、特に日本とヨーロッパで大ヒットとなりました。１９７４年にはドラマー、アルバート・ヒースを入れて同レーベルからトリオのアルバム『Dark Beauty』がリリースされ、これもヒットしました。

この同年にはＣＴＩからチェット・ベイカーのアルバム『She Was Too Good To Me』が出ていますが、こちらはその当時の大メジャーなロン・カーター（b）、ジャック・デジョネット（ds）、フュージョンの大スターでもあるボブ・ジェイムス（el-p）やスティーヴ・ガッド（ds）をバックに製作されました。録音のヴァーチュオーゾであるルディ・ヴァン・ゲルダーによるこのサウンドはこの時代の流れにも沿ったもので、ドラムの音をフュージョン的なミュートした音質にし、それまでにないストレートアヘッドなジャズが演出されました。スティーヴ・ガッドは特にフュージョン的セッティングというか、そういったセッティングの元祖に近い存在ですからなおさらフィットします。

このような質感はジム・ホール（g）のアルバム『Concierto』にも聴くことができます。ミュートなドラム・サウンドに加え、ほとんど4分音符でスウィングしてしまうレガートが特徴的でした。このレコードではコンプレッサーの使い方が特徴的で、ジム・ホールの音質も一味違うものでした。ジャズの歴史を支えてきたヴァン・ゲルダーはこのようにミュージシャンの出す音質やイメージを変えることなく、今までと違う音作りを開発してきた偉大なエンジニアです。

こうしたアメリカのムーヴメントとは距離を遠く制作されたケニー・ドリューの『Dark Beauty』のアルバート・ヒースのドラム・サウンドは、スタンダードなジャズ・セットのドラムをミュートし、顕著なフュージョン・サウンドを使用しました。僕の記憶では、スタンダードなバッパーがこういったサウンドでジャズを演出した例は、これが初めてだった気がします。こういったサウンドがその当時のロックやファンクのドラム・セットでは当たり前になってきた時代で、砂袋をバス・ドラムに詰めて、タムにはエヴァンス社のドラム・ヘッドを使い（エヴァンスのヘッドには2枚の皮の間にオイルを挟み込んだ独特の構造のモデルがあり、迫力のある低域やリングを稼ぐことができた）、スネアには録音時だけですがミュートを使いました。こういったことをジャズ・セットのグレートなドラマ

ー、アルバート・ヒースがチャレンジしたのが当時新鮮でした。このスタイルはアメリカやヨーロッパや日本でも流行して、楽器の音質はフュージョンだけど、音楽自体はストレートアヘッドなジャズというアルバムが続々と現れました。でも、僕は来日演奏を聴きに行ったんだけど、ライヴではやっぱりジャズ・セットでサウンドは従来のものでした。少しがっかりした記憶があります。内容はものすごく素晴らしかったことはよく憶えています。でもこの時に「僕はライヴをやる時には絶対にレコーディングと同じサウンドになるようにする！」と、決心めいたことを子供ながらに考えましたが、これは今でも変わらない気持ちです。

こうした考察はごく一部ですが、こんなことからもクロスオーヴァー〜フュージョンの時代になっても、ストレートアヘッドは元気がなかったわけじゃないことが分かります。それまでのジャズ・ファンに加えて新しいファン、つまりそれまでジャズを聴いたことのなかったような人たちまでファンにすることができたパワフルなフュージョンが目立ちすぎただけなのです。

もうひとつだけこの項に付け加えたい考察としては、ピアノのサウンドがあります。ヴァン・ゲルダーによって創作されたといっても過言ではない、リヴァーサイドな、ブルーノートな、ヴァーヴなピアノ・サウンドはジャズ・ピアノのイメージそのものです。僕も中学時代はピアノだったので、どうやったらあんなにジャズっぽいサウンドになるんだろう？　と頭がレコードのサウンド中心になっていました。ところがオスカー・ピーターソンがドイツのＭＰＳに移籍すると、ベーゼンドルファーのフルコンサート・グランドを普通に録音するサウンドになり、それはグランド・ピアノの本来のサウンドでジャズを表現する先駆けになり、それはのちのジャズに大きく影響します。現代の最高峰キース・ジャレットに至る必然性であるし、その次世代の代表でもあるブラッド・メルドーもその必然性の上にあるのでしょう。しかし一方では、メインストリームとして、ヴァン・ゲルダーはいつでも現在進行形で現在のジャズ・ピアノ・サウンドを表現していることを忘れてはいけないと思います。

この項で取り上げた時代の新しい音楽性という意味では、ストレートアヘッドなジャズはブルーノートなモードや、僕の大好きなソウル／モード／ブルース／ファンクを中心としたＣＴＩなど、ケニー・ドリュー以降は、キース・ジャレットがスタンダード・トリオをやるまで、ストレートアヘッドの分野では様々なスタイルや実験が行なわれていきました。

## ◆クロスオーヴァーからフュージョンな時代

１９７０年代初頭のクロスオーヴァーという言葉は次第に使われなくなって、ジャズ・

フュージョンと呼ばれるようになります。ファンキーなイメージやライヴなバンドのイメージのあるクロスオーヴァーに比べると、フュージョンという言葉はもっと多くのニュアンスを含んでいたのかもしれません。1960年代の核分裂による核実験の時代が落ち着いたその時代の夢は、それこそ未来のエネルギー「核融合＝ニュークリア・フュージョン」です。未だに実現は到底不可能な「核融合」という言葉のサウンドにこそ、世相を反映した新しさを感じていたのかなあ、と個人的に思っています。まあ、正確な言葉の起源は分からないけど、例えばウェス・モンゴメリーのCTI3部作（1968〜1969年）には「クロスオーヴァー」ではなく「フュージョン」と書かれていたのね……（作品自体はストレートアヘッドだけど）。異種要素がクロスオーヴァーするというニュアンスと、フュージョンというのは違った意味で他ジャンルとの他流試合的な意味合いを含んでいるようにも見えるけど、一番の理由はレコード屋さんの棚の仕分けだよね。

１９７０年代になると、ジャズ・フュージョンのバンドはあっという間に多様化をしています。ミュージシャンたちは世界中から「宝」を探し回るかのごとくにいろいろな音楽を探し吸収し始めるから、個性的なバンドも増えていきました。日ごとに進歩する音楽や芸術のある時代でした。なんて幸せな時代でしょう！　反面、ストレートアヘッドなジャズは十把一絡げに「いわゆるジャズ」というレッテルを貼られて、一部のトップ・クラスを除いて、コマーシャル的な意味合いでですが、苦境に立たされてしまいました。特にエフェクターの発達とともに音色が新しくなっていったギターはそれが顕著であり、元々ジャズ・シーンではマイノリティ扱いであったストレートなジャズ・ギターは、時代に付いていけなかったかのように見えたのです。でもこれは事実というより、やはり売る側が作り出してしまった幻想なはずですが、実際ストレートアヘッドなギタリストたちは苦境に追い込まれました。僕は1990年代初頭にコンコード・レコードの創始者カール・ジェファーソン氏にいろいろとお世話になりました。当時の僕の音楽家生活の上で親のような存在の故・大滝譲二プロデューサーが彼の家に連れていってくれて、ムスコをよろしくみたいな感じでかわいがっていただきました。ジェフさん（ジェファーソン氏の日本でのあだ名）は大のジャズ・ギター・ファンで、ジョー・パス、ハーブ・エリス、ローリンド・アルメイダといったジャズ・ギタリストたちがレコード・ビジネス的に苦境に置かれている状況を見て、1972年にジャズ・ギターを復活させるつもりでコンコードを創設したのだそうです。ですから、元々はジャズ・ギターのためのレーベルとしてスタートしたのです。

また、「古き良きアメリカ」の象徴であるビッグ・バンドもその人数の多さとかかる経費のことでは昔から苦しいのに、さらに拍車がかかり、実質的に解散したところも多かったようです。

そんな時代でもNYは、フュージョンの発信地でもありながら、ストレートアヘッドな

ジャズが他のどんな地域よりも、やっぱり根強かったんです。次世代を担うブレッカー・ブラザーズやマイク・スターンといったロック世代なジャズマンが活躍していたところからも分かる通り、フュージョンもジャズも同じレベルでやれて、ジャムにも強くて、譜面にも強いという人でないと、ワールドクラスな仕事は取るのが難しくなっていきました。

## ◆1980年代フュージョンの楽器的変化

音楽全般にいえることだけど、音楽の最も基本的な楽器といえる〝歌〟は何万年も変わらないよね。だったら、極端にいえば、音楽の歴史は伴奏の変化の歴史ともいえます。管楽器もヴォーカルと一緒で、ほとんど音色を変えることはなかった。マイルスやブレッカー・ブラザーズが、ギター用のエフェクターであるワウワウ・ペダルを使ったりということはあったけど、基本的にはそう変化していない。例えばベースをエレクトリック・ベースに持ち替えたり、ドラムのジャズ・セットをフュージョン・セットに替えたりというような変化はないのです。

メインなメロディ楽器、ジャズではヴォーカルや管楽器になるけど、その伴奏を変え、それまでにないサウンドを求めたバンド・リーダーたちは、伝統的なジャズ・ギターやピアノを、ファンクやロックの要素を持ったギタリストに換えることが必須ともいえるくらいで、さらにキーボードとエレクトリック・ベース、要のフュージョンなドラムを求めました。

1990年代にピアノが再認識されるまでは、鍵盤奏者は最も苦労した時代といえるかもしれません。フェンダー・ローズ以外にも3機種くらいのシンセサイザーを持って歩くことが求められたからです。というか自らがそれを徹底していたのですね。今だったら、ローズだけだって重いからといって持ち運ぶ人は少ないくらいですからね。

1980年代のフュージョンでは、キーボードをパッドに使って、ギターがアクセントを付けるという、役割分担がハッキリしてきます。パッドとは絵画でいえばキャンバスに下塗りをするようなもので、コード進行に従い2分音符や全音符で下地として埋めていくいわゆる「白玉コード」のことです。

そうすると、伝統的なジャズ・ギターの人は、リーダーになってメロディとアドリブを弾くことはできるけど、サイドマンとしてジャズ・ギター的なコード伴奏をすることは少なくなります。その結果、ソウル・ミュージックのフィールドから出てきたデイヴィッド・T・ウォーカーやワー・ワー・ワトソンなど、リズム・ギターに長けたプレイヤーがフュージョン・シーンで台頭していきました。

日本ではそういったリズム・ギタリストが少なかったので、ロック色の強いフュージョンが流行していきました。このロック・フュージョンなムーヴメントはアメリカにはないので、特に面白いところです。僕は同世代の選手がそこに多いのですが、アメリカにいたので詳しくないので、ここでの言及は避けます。

ベースもエレクトリックが普及すると、ウッド・ベースと2本体勢で仕事をするジャズ・ベーシストが増えました。しかし、ラリー・グラハムのチョッパーと呼ばれる奏法が大流行し、世の中もソウル・ミュージックが大流行し、ルイス・ジョンソンなどに受け継がれ、チョッパーは「スラップ」に名を変えていきます。一方で、こういうソウルな分野のプレイの経験を経て、独自のメロディアスな奏法で登場したのがジャコ・パストリアスです。彼はフレットレス・ベースという大看板を掲げた大天才ですが、新しいベースの在り方どころか、音楽の未来まで作った大天才だと僕は思います。

## ◆フュージョンのバンド編成とレコーディング事情

ビバップからモード・ジャズに至るまでは、比較的小編成のコンボが中心となってジャズを推進してきました。だけど、フュージョンの時代は、バンドが再び大所帯になっていきます。ドラム、パーカッション、ベースに加えて、キーボードやギター（複数の時もある）、そこに管楽器が入るのが普通です。ウェザー・リポートやパット・メセニー・グループの中心核はカルテット、つまり4人編成というのは、フュージョンとしてはミニマムな編成です。そこにさらに必要な音を足していくという意味で編成が大きく膨らみます。この時代は音楽産業の景気が良くて予算が大きかったこともあり、コーラスなども含んだ10人以上のバンドも頻繁に見られました。

レコーディングの技術が発達し、1970年代後半までは16トラックが一般化しましたが、1980年になるまでには2インチのアナログ・テープを使用した24トラックの録音が普通になりました。ソロやヴォーカルをあとから録り直したり、修正したり、さらに必要な楽器をあとからオーヴァーダブをして足したり、という技術が当たり前になり、そうなるとスタジオ・レコーディングのサウンドはライヴのドキュメントではなく、より計算されたアレンジメント、作品作りという方向になっていきます。ポップスやロックでは既に当たり前でしたが、「ジャズは一発で録音すべし」という考え方は今でも根強くありますけど、やっぱり自分が録音する立場になるとオーヴァーダブをしたり、編集を重ねて完成度を高めたいと思うのも自然な流れです。スタジオ・レコーディング＝アルバム制作は版画の制作、ライヴは油彩画を描く、ような感じかな。

しかし技術優先でいくと、レコーディングでは「ジャズ」な部分が希薄になって、ポップス寄りの音楽になってしまうものです。そうして方式は全く同じですが、1984年に製造され始めたデジタル・レコーダー、ソニーのPCM-3324（24トラック）は1990年頃までにはスタジオのレコーダーの定番となります。1990年代に入るとさらに進化し

たPCM-3348（48トラック）の時代になります。デジタル・レコーディングはこうして始まりました。

技術の進歩と音楽のコラボレーションという意味では、1980年代中期辺りに出たアップル社のMacintosh 512k、コモドア社のAMIGA辺りから、シーケンスを組むプログラムが始まりました。これは現在の日本では「打ち込み」といっているものです。僕は1987年頃から始めていますが、イメージしたものがすぐ作れるし、最初は作曲家にとって夢のツールでした。

ジャズ系のミュージシャンのこういった技術を使っての演奏はパット・メセニー・グループが代表的です。彼らは当時最新鋭の機材シンクラヴィアを使用し、打ち込みのパートとライヴなバンドを融合した演奏を実際のコンサートで行なうという試みをした、最初のジャズのバンドでありました。アルバム『Offramp』の最初のカッカカッカカッという音はもろにシンクラヴィアのクリック音です。この場合、バンドの演奏と打ち込みとがズレないように、たいていの場合ドラマーにクリックを送り続けます。ドラマーはクリックをヘッドセットかモニター・スピーカーから聴くことになります。今ではアマチュアでも当たり前にライヴで使用しているし、予算は当時の百分の一もかからないでできてしまいます。

こうしてクリックを使ってテンポを一定にすると、あとから他の楽器のパートを入れたり、パンチイン（部分的な録り直し）がとてもやりやすくなります。場所がタイムコードで特定できるからです。これが発達するとそんな技術でも当たり前になりますから、レコーディングではみんな欲が出るし、何度もパンチインして修正したり、より良いトラック作りに励むようにもなります。だけど、一発で録音したときのライヴな勢いは、やはり失われてしまいがちです。ですから、こういう産業音楽のテクを使いすぎてジャズ的な要素はさらに希薄になるケースもだんだん目立ってきます。一方では、エルヴィン・ジョーンズのような変幻自在のファジーなジャズ・グルーヴのマスターはグルーヴィで強力ですが、テンポがかっちり一定な感じというわけではなく、若干自然な音楽的な伸び縮みがあります。クリックを使ったバンドではやれません。そういった意味では、クリックを使うことでドラマーの演奏スタイルがある程度、制限されることもありますよね。

とはいえ、時代の音であるフュージョンはよく売れたので、予算の額も莫大で、スタジオも膨大な時間をとって制作したものです。日本ではバブリーな時代だから、音楽産業的にはバンド・メンバーの他に4～5人のスタッフもNY録音に一緒に付いていき、さらにブレッカー・ブラザーズを入れて録音をするとか、そういうことが当たり前に行なわれていました。今の世知辛い状況とは随分違いますね。

## ◆現代ジャズへの着地点

1980年代に興隆を誇ったフュージョンも、1990年代に入ると売り上げが伸び悩んできます。事情はいろいろあっただろうけど、ポップスの音楽性がジャズ・フュージョンに追い付いていて、演奏のレベルとしても、音楽の複雑さとしても、歌があるかどうかの差しかなくなってきた感じで、若者であるほどそのサウンドは当たり前で、トピックのないものになっていったのです。

また、音色の面でも発展が難しくなっていました。シンクラヴィアの発展は、サンプリング技術の発達とイコールです。聴いたことがない音色は新しい音楽を生み出す良い材料でした。1990年代にはアメリカでも日本でも数万円で世界各国の民族楽器の音がサンプルされている音源が発売されているので、打ち込みはどんどん身近になります。巨大なシンクラヴィアも前時代的なものになっていきます。さらにサンプラー技術の発展と進化のお陰でコンピュータの世界が（実物の音に近いという意味で）リアリティを追求したために、シンセサイザーによって新しい音色が開発される根拠もなくなっていきます。1990年代後期にヤマハの技術によって現れたGM音源（General MIDI）ではMIDIチャンネルの1番から126番まで、特定の楽器が共通の番号に割り振られました。つまり既製の楽器、またはそれに近いもののみエントリーされているわけです。この技術はカラオケ・ボックスには革命的でした。今のカラオケはMIDIデータだけネットで送られてきますが、それを受けるボックスがGM音源になっているわけです。便利さと引き換えにクリエイティヴなシンセ類が一時的に姿を消していきます。1990年代後半になると、バンドなフュージョンよりも、打ち込みを使ったスムース・ジャズも多く出てくることになります。それは予算が安く済むからです。この現象について記します。

フュージョンの売り上げはジャズよりは良いものの、ポップスの売り上げにはほど遠いものです。それなのに制作予算はポップスのようにかかってしまう音楽……。だから打ち込みが重宝されるようにもなり、何よりも新しい技術は珍しいですね。巨額な予算と長い期間をかけてフュージョンのレコードを作るよりは、1日でパッと録音できてしまうストレートアヘッドなジャズが再び注目されるようになっていったのは事実です。ジャズのレコーディングは基本、ドキュメントで、編集などをほとんどしないので、録音後の作業もフュージョンに比べたら格段に少ないのです。例えば、三千万円かけても一万枚しか売れないならば、百万円で作れて三千枚売る方が、ビジネスとしてはずっとコンパクトだし、堅実です。僕はそんな変な世界で、どうやって自分の作品を作るべきかも考えていました。

音楽とは関係のない「外側」の事情から、ジャズには再び新しい風が入ってくるようになりました。ここから1990年代のジャズが始まり、現在に繋がるジャズ史になるのです。

第6章

# 米国ジャズ界の現状

## ◆メニューが出揃った現在のジャズ・シーン

1990年代以降は、JAZZの顕著な進化はあまり見られません。だけど、プレイヤー単位では特別にセンセーショナルな人たちがいて、シーンを活発にしていると思います。そういったムーヴメントを陰で支えるような才人が数年に一度出てきて、NYではその度にニューカマーの噂が気になるところです。現在進行形なジャズという意味では、ネットなどで音楽情報を入手したり、自分の好みで音楽を探せるので、もう一概に今の傾向が……とはいえません。現在=個人の好み（演る方も、聴く方も）ということです。あらゆるスタイルが混在し、ライヴも行なわれる。ウィントン・マルサリスはまるで伝道師、というよりジャズを歌舞伎のような伝統芸術に仕向けた男（この動きとは関係なく、彼の演奏は素晴らしいです）。全てが出揃っているということは、若い子たちにはメニューが出揃っているということ。過去の音楽も現在の音楽もない。単にエレメントであるだけなのです。それが、現在なのです。

バンド・サウンドが1950〜1960年代に回帰したり、バップなんだけどドラムだけディスコティックなサウンドになったり、演奏方法はストレートアヘッドだけど前例のない楽器を入れるとか、様々な試みがよく行なわれていますね。ポップ・シンガーがジャ

ズマンを起用することは稀ではあるけど、今までに多くの例がありました（ビリー・ジョエルの曲にフィル・ウッズを起用、など）。シンガー・ソングライターのノラ・ジョーンズの成功は、ジャズのフィールドから出てきたということがポイントですよね。
では、楽器別に1990年代以降のムーヴメントを見ていきましょう。

## ◆What's New About Drummers

ドラムから見ていきましょう。1980年代まではフュージョンなセットを使うことが流行したけど、1990年代になるとジャズ・セットな音でロックやファンクを叩くことが目立つようになります。ローリング・ストーンズのドラマー、チャーリー・ワッツは元々ジャズ・ドラマーで、今でも自分のビッグ・バンドでNYのブルーノートで年に1回以上ライヴをやっています。彼はロックをやっている時でも、バス・ドラムだけは大きくしたけど、上半身はジャズ・セットのままであることが多かった。このやり方って、ちょっとヒップホップな感じのドラマーがよくやることだよね。僕がヴォーカルの土岐麻子ちゃんのCDの何枚かに参加していた時、故セシル・モンローもこんな感じだったなあ。

1990年代後半になると、もっと多くのドラマーがポップスでもロックでもファンクでも、そのものではないにしても、サスティーンのあるジャズ・セットなサウンドにフォーカスしていきます。R&Bのシーンではディアンジェロなんかが印象的です。2001年頃からディアンジェロは8弦ギターのチャーリー・ハンターやロイ・ハーグローヴ(tp)とのサウンド音を作っていたけど、同じ頃ロイ・ハーグローヴとウェイン・クランツ(g)などのメンバーで、レコーディング時のEQ(音質調整)やリズムのアレンジメントという意味で共通することをやっていたのがスティーリー・ダンのドナルド・フェイゲン。そしてそのサウンドはポップスのレコーディング業界に影響を与えたものの、それから15年経った今でもそれ以上新しい音は聴こえてきませんねえ。

ジャズ・ドラマーでいえば、ブライアン・ブレイドが1990年代以降ではやはり大きな存在です。フュージョン的なサウンドの時でもジャズ・セットを使っていた彼は、時代が追い付いてきて一躍スターになりました。ブライアン・ブレイドが出てきた時はジョシュア・レッドマン(ts)、マーク・ターナー(ts)、ブラッド・メルドー(p)、ピーター・バーンスタイン(g)、ラリー・グレナディア(b)などとの活動が有名ですね。一方年寄りたちは「あんなの全然新しいところがないじゃないか」と冷めた目で見ていた人も多かったのです。ところが、若者はいつの時代でも新しいものに敏感で、世間がブライアン・ブレイドに気付く前から、若い世代は絶大な支持をしていました。若者は意識しなくても今までにないものを嗅ぎ分ける嗅覚があるけど、歳を取ると言葉で理由を提示してくれないと新しいかどうかの判断がつかない。自分の知っている枠に当てはめてしまうからですね。

パット・メセニー・グループのアントニオ・サンチェスは、つい最近ではマイケル・キートンの映画『バードマン』のサウンドトラックをほとんどドラム・ソロでやったことでも有名なトップ・ドラマーですが、バークリーにメキシコから留学していた時代には、僕の友人のドラマーのトミー・キャンベルの生徒でした（トミーはディジー・ガレスピー、ソニー・ロリンズ、マンハッタン・トランスファー、ミンガス・ダイナスティなどで活躍したトップ・ドラマーでもあります）。アントニオはパット・メセニーのバンドの前はパナマからバークリーに留学していたダニーロ・ペレス（p）のトリオで頭角を現していました。まだ彼がバークリーを出たばかりの頃に、ダニーロのグラミーのノミニー記念のライヴに行ったことがありますが、壮絶で美しいトリオでした。その時、同じノミニーで対バンがブライアン・ブレイドのグッド・フェローズでしたが、こちらも時代を象徴するようなメンバーで個性的な音楽をプレイしていました。彼はわりとジャズ的なチューニングをします。

バークリーにアントニオが入ってきた時、日本では渡辺香津美師との共演で有名なドラマー、オラシオ・エルナンデスもそこにいました。オラシオ・エルナンデスは、日本ではフュージョン系だと思われがちですが、実はラテン・ドラマーです。フュージョン・セットとラテン・ドラム・セットは、タムの数やサイズ、そしてそのチューニングなどが似ていても、スタイルは全く違います。

トミーから聞いた話だけど、アントニオとオラシオが入ってきたクラスの初日が、人生で何度かのショックを受けた日になったそうです。ふたりの演奏があまりに凄くて、生徒に対して「教えてくれ」といったのも初めてだし、そんな逸材が同じクラスにふたりもいたのです。

ラテン・セットのオラシオに対して、アントニオ・サンチェスはジャズ・セット。トミー・キャンベルはフュージョン世代のドラマーらしく、もちろんフュージョン寄りなジャズ・セット。わりとバップなジャズ・セットへの回帰は、ミレニアムを過ぎると多くのベテラン・ドラマーに見られます。

なぜ、長々とドラマーについて書いているかというと、実はドラマーがバンドのサウンドの8割を占めるといっても過言ではないと思っているからです。ピアノや管楽器はあまり音色を変えられないけど、ドラマーのチョイスによって、ベースやギターの音色は大きな変化を迫られます。ロック・セットで大音量のドラマーだったらエレクトリックなベースやギターが普通に合ってるしね。そんなバンドならキーボードやシンセが欲しくなる場面も多くなります。ドラマーがジャズ・セットだったら、アコースティックなサウンドのベースが求められることが多いし、オルガンまでは良くてもシンセは雰囲気に合いづらい。

ドラムのサウンドは時代によって全く違っていて、ドラム次第で新しくも古くも聴こえ

るし、録音を聴くとそれがいつ頃の録音かもだいたい分かります。今はジャズ・セットへ回帰して、しかもクリアでハイファイに録音できるようになったので、バンド・サウンド自体が1950～1960年代に近付いているともいえます。
　1990年代以降は、ジャズ・セットを使うフュージョン・ドラマーや、フュージョンな感じの人がストレートアヘッドなジャズをやることは至って普通で、両者は昔ほど区分けされることもなく、総合してジャズ・ドラマーと扱われています。例えば、1980年代にウィントン・マルサリスと一緒にやっていたジェフ・ワッツは、ジャズ・セットを使っており、フレーズの組み立てやテクニックはもちろんジャズですが、フュージョンなその世代を感じることができます。でもそんなことは関係ありませんね。そして現在はなんでもありの時代です。時代と関係あった音は現在では全て素材です。
　ドラムとシンバルはバンドのハーモニーでもあります。ドラマーだけでなく他の楽器プレイヤーの人もこのことはもっと認識して、リズムだけでなく大切なハーモニーのひとつと理解すべきだよね。

## ◆Revenge Of The Acoustic Players

エレクトリック・ベースがジャズでFender Bassとクレジットされ、初めてレコード・シーンに登場したのは、モンゴメリー・ブラザースのモンク・モンゴメリーだと思います。エレクトリック・ベースは1960年代にはロック、ポップスでは普通になりますが、ジャズ・シーンでも次第にストレートアヘッドなバンドや、特にスウィング・ビッグ・バンドに使用されるようになりました。持ち運びも便利でポップス、ロック、ファンク、ラテンのリズムにも対応できるエレクトリック・ベース、つまりベース・ギターは万能選手として、またアップライト（コントラバス）とは全然違う種類の独特な音色、かなりの音量が稼げることなどから、ジャズ・シーンにも定着するようになります。

でも現在、ストレートアヘッドなシーンのベーシストが使用しているのは、ほとんどアップライトです。その大きな理由はやはりスウィングにはアップライトの音色が合っていることが挙げられます。それを助けるように現れたのはピエゾ素子の発見と、それを使用したアコースティック楽器に取り付けるピックアップの発達が挙げられます。それまでのものに比べるとアコースティックに近い音質のまま増幅でき、しかも音量を上げてもフィードバックしにくいのです。それまでアコースティック楽器用に存在したコンタクト・ピックアップは音質が良くなくて、大音量にはフィードバックを起こすため、耐えられませんでした。コントラバスは持ち運びも大変でした、ツアーなどでは予算もかかるし……。増幅した時の音質も良くないし、音量も上げられない、ならばエレクトリック・ベースを使った方が、使い勝手が良いし、トラブルも少ない。しかも新しい音楽の雰囲気がある

ありました。

（と当時は感じた）、こんな理由もあったことは確かです。音色にこだわるアコースティック・プレイヤーたちは方針を変えずに、マイクで音を拾って増幅しましたが、PAが今ほどソフィスティケイトされていないので、いつも良い音質を得られるかは難しいし、マイクのセッティングなどもその種類によって毎回違ってしまったりして大変、という事情もありました。

ところが、1990年代辺りからのピックアップはパッシヴからアクティヴ（注1）のものも増え（簡単にいうとプリアンプが超小型で良くなったということ）、高音質でフィードバックに強くなり、さらに2000年代に入ってからは持ち運びに便利な超小型で高音質のベース・アンプも登場して、ベーシストの演奏環境は格段に進化しています。コントラバスのプレイヤーたちは、楽器には満足していてもその増幅に関しては悩みましたが、これでだいぶ解消されたのです。そういったこともあり、音量も稼げるのであれば、ファンクもフュージョンもこれでイケます！

ジャズ・ベーシストがエレクトリック・ベースを手に入れ始めた1960～1970年代には、ジャズマンがポップスやロックのスタジオ・ワークもやっていました。だけど、ポップスのフィールドでも読譜や即興ができるのは当たり前になったので、わざわざジャズからスタジオ・プレイヤーを引っ張ってくる理由はなくなりました。それに、その後は打ち込みが手軽になったために、ポップス系のスタジオ仕事自体も減っています。ギターや管楽器は打ち込みで再現するのがかなり難しいのですが、打楽器やベースは打ち込みでも一般の人には気付かれない感じが多少あります。だからちょっとしたテレビ音楽などの仕事は、ミュージシャンにとっては良い収入源だったけど、制作側にとっては出費が減らせるということで、打ち込みが増えてしまいました。そんなことからも、コントラバス・プレイヤーがエレクトリック・ベースを手に取ることは少なくなったのです。

今日のシーンで、エレクトリック・ベースでスウィングが得意なプレイヤーは少なくなったなあ、と思います。僕の仲良しの友人たち、ジェフ・アンドリュース、マーク・イーガン、リンカーン・ゴーインズなどは、スウィングも滅茶苦茶上手いし、ラテンもフュージョンもファンクもバッチリです。それ以降の世代になると、エレクトリック・ベースでスウィングする選手をあまり見掛けません。

若い世代はアップライトで超絶なプレイをするのが普通になっています。楽器を弾くためのノウハウが確立されて、子供の頃から効率良く練習できるようになっているのも要因のひとつでしょうね。そして、ドラムと同じ傾向ですが、1950〜1960年代的な音色のプレイヤーも増えていると思います。それはテクノロジーの発達によって、さらにアコースティックな音をそのまま増幅することが可能になってきたからです。

## ◆Jazz Guitar Players Today

1980年代にいまひとつ人気のなかったストレートアヘッドなジャズ・ギターが戻ってきたことは、ジャズ・ギタリストの僕にとって大きなトピックのひとつです。

現在ではストレートアヘッドの若手も増えていますが、そのほとんどはコンテンポラリー・ジャズ・ギターといえるでしょう。カート・ローゼンウィンケルに続く若手や中堅としては、マイク・モレノ、ジュリアン・レイジ、ラーゲ・ルンド、ジョナサン・クライスバーグ、アダム・ロジャース、ギラッド・ヘクセルマンなど、とにかく上手い人が目白押しですね。ピーター・バーンスタインやラッセル・マローン、ベン・モンダーは最早ベテランの域だよね。カートや元祖コンテンポラリー・ギター的なウォルフガング・ムースピールは、ふたりともドイツに移ってしまったので、NYでは特に若手が目立ちます。でもブラックな若手があまりいません。ストレートアヘッドに限らず、ファンクなプレイヤーもあまり見ません。以前から活躍してる人はいるけど……。これは現在のR&Bやヒップホップなどではギターがほとんど使われないこともあるのではないかな。どう思います？

ギターの弾き方には、「アメリカン・スタイル」と「ヨーロピアン・スタイル」という奏法上の違いがありますが、一般の人たちにはあまり知られていません。

アメリカンなギタリストのスタイルはブギウギから始まって、スウィング、ロック、ファンク、ポップスなどでも、実は基本的な弾き方は同じです。大雑把にいうと、コードやそのフォームに3弦と4弦に3度と7度が集中するスタイルで、結果ネックを縦横無尽！という感じではなく、割と左手が一箇所に固まっていて、そのポジションの周辺で弾いているように見えます。ブルースの人たちのやるポジショニングが普通なスタイルという感じです。これにクラシカルな運指を加えたのがジョージ・ベンソン師で、縦横無尽、強烈です。

だけどラーゲ・ルンドやジェシ・ヴァン・ルーラーのような、ヨーロピアンなギタリストは、クラシックの本拠地の影響があるので、アメリカンなスタイルとは少し違うと思います。ネックの低い方から高い方までを縦方向（注2）に自由に弾いていきます。コードの弾き方もクラシック的です。英国のアラン・ホールズワースの出現で、ストレッチなコードや左手のポジショニングが今までと違う運指をクラシックから取り入れたり、研究した人が増えました。こうしたストレッチなスタイルは元々クラシックのものであるので、ホールズワース先生だけでなく超大御所ラルフ・タウナー先生もこんな感じではありますが、そんなに一言では説明できないほど複雑です。

カート・ローゼンウィンケルは基本はアメリカン・スタイルに見えますが、ストレッチな運指も聴くことができます。現在のジャズ・ギター・シーンは欧州人が多いこともあ

り、ヨーロピアン・スタイルの要素が強くなってきたといえますよね。
　カートといえば、最初はポール・モチアンのエレクトリック・ビバップ・バンドで注目され始めましたね。カートやジョシュア・レッドマンやラヴィ・コルトレーンが入る前に、僕もマイク・スターンと共に何度か呼んでもらって、このバンドを結成する以前に何回もセッションをやりました。僕らの前のギター・プレイヤーはビル・フリゼールでした。こちらは天才なのでとにかく人とは違うし、全く別の可能性を見出したみたい。モチアン先生はストレートアヘッドなジャズの抽象的表現をすることになるジョー・ロバーノ（ts）とフリゼールとのトリオを結成します。けれども、先生はエレクトリック・ビバップ・バンドを作るにあたって、従来のジャズ・ギターではない別の可能性を求めていたようで、マイクも僕も、「お前らはコード進行ってちゃんと弾けちゃうじゃないか、やれない奴が欲しいんだ!」ということで僕たちはセッションから遠ざかります。マイクなんて全然ビバップの匂いがしないプレイヤーなのに、コード進行を感じさせるだけで「お前はバップが弾けてしまうじゃないか」とNGを出されていました。僕はエフェクターに詳しいこともあり、初期のMIDIギターも弾いていたので、シンセ、エフェクトという感じで残れといわれましたが、僕は自分の本意ではないので離れてしまいました。ちょっともったいなかったかな……。若かったからね（笑）。
　カートやジョシュアがNYに来た頃は彼らは複雑なオーソドックスなコード進行に対応

するタイプでなかったのか、単にできなかったのか……。一発ものの時にはやたら元気が良いというタイプでした。モチアン先生はそれを面白がって、彼らをバンドに迎えています。それから2年くらいしたら、ジョシュアもカートも別人！　ビックリするくらい上手くなっていましたね。この時に思ったのが、アメリカ人としてアメリカの文化の中で生まれ育つと、ちょっとしたきっかけでみるみるジャズが上達するということ。みんなではないんだけどね……。特別な人に起こる現象を見た気がしました。

僕個人として、今を引っ張る世代の中ではジェシ・ヴァン・ルーラーが最も進歩的なオーソドキシーというか、オーソドックスな奏法のギタリストのなかではダントツに好きです。ただ、オランダ在住なので、アメリカ人はジェシのことをほとんど知りません。日本のジャズ・ギター・ファンには人気があるのに……。ジャズに限らず、やっぱりアメリカ人にとって、ヨーロピアンの現代の文化はマジョリティではないのです。一般のアメリカンにとってヨーロピアン・ジャズは相当マニアックな世界なんでしょうね。

## ◆ジャズ・シーンに対する日本の貢献

シンクラヴィアの登場が元となってサンプラーが普及し、さらに「打ち込み」が一般化されたことが原因のひとつで、ギター・プレイヤーの存在がソウルやR＆Bから少し影を

潜めた感もあります。ソウル・ミュージックが打ち込みで作られるようになったのは、それはそれでいいんだけど、なぜかギターがいなくなったんだよね。ミレニアムを過ぎてから顕著だと思います。そのためか、デイヴィッド・T・ウォーカー、エリック・ゲイル、コーネル・デュプリー、ワー・ワー・ワトソンなどのモータウン系ギタリストたちの系譜をたどるプレイヤーのバッキングを聴くことは滅多になくなりました。タワー・オブ・パワーのようなストレートなカッティングはまだあるんだけど、前者に関してはあまりラジオなどから聴くことがなくなってしまいました。ソウル・ミュージックは常にギターが中心にいたので、１９９０年代にギターを抜いて作ったサウンドが逆に新鮮に感じられたことは確かです。デスティニーズ・チャイルドにしても、ホイットニー・ヒューストンにしても、１９９０年代のブラック・ミュージックではギターが入ってないものがほとんどです。だけど、そのせいかレコーディングできるレベルの若手プレイヤーが少なくなってしまい、現在でもギターレスな流れは続いています。

ソウル・ミュージックの中でもR&Bは、２０００年頃にディアンジェロがバンド・スタイルで出てきた頃までは、ヒップホップに押されてかなり苦境に立たされていた感じがあります。ディアンジェロによって、さらに２００５年のメアリー・J・ブライジのグラミー受賞によって、本来のソウルや、ソウルなリズム・ギターが復活するんじゃないかとずっと期待したのですが、ディストーションのギター・ソロは入るけど、リズム・セクシヨンにはギターを含まない、というのが現在の主流です（でもこれらの話はアルバム・シーンの話であります。ライヴでは生き延びていました）。

デイヴィッド・T・ウォーカー、ワー・ワー・ワトソン、フィル・アップチャーチなどのソウル系ギタリストは今でも日本で人気があります。特にデイヴィッド・Tは毎年のように日本ツアーをやっていますね。アメリカではデイヴィッド・Tの単独ライヴをやることはそんなに多くはないので、なかなか観られないようです。日本ではマリーナ・ショウと一緒にヒット・アルバム『Who Is This Bitch Anyway』のリユニオン・ライヴをやっていたけど、アメリカではこんな素敵なプロモートはありません。

日本での興行がアメリカのミュージシャンを支えることは、これまでもこれからも多くあるでしょう。1977〜1992年に日本で開催されたライヴ・アンダー・ザ・スカイというフェスティヴァルがありました。僕はウェイン・ショーターのセットを観るため、聴くために、何と本人と一緒に会場に行ったことがあります。パット・メセニー、ハービー・ハンコック、デイヴ・ホランド、ジャック・ディジョネットというカルテットの次がウェインのバンドで、そのライヴのために『Native Dancer』（1974年）のメンバーをほぼそのまま揃えました。ミルトン・ナシメント（vo）、ハービー・ハンコックという当時のメンバーに、ベースはスタンリー・クラーク、ドラムとパーカッションはブラジル人でした。アメリカではそんなに凄いコンサートが開催されることは絶対にないから、故アナ・

マリア・ショーター夫人が、親戚を引き連れてわざわざ日本まで観に来ていましたね。

## ◆Keyboardists

鍵盤楽器では、キース・ジャレットまで遡ってみてみましょう。あれだけ純文学的な、純粋に美しいジャズを弾いているキース・ジャレットだけど、実はいろいろな楽器を演奏するし、自分で歌ったりもして多重録音のアルバムを残しています。弟のアルバムに参加した時には、ポップスも演奏していました。元々はポップなセンスを持ったピアニストなのです。ストレート8thな曲も上手いし、ブルースをやってもポップス寄りなセンスを感じます。だから、純粋なジャズだけで構成されたピアニストではないと思います。キース・ジャレットやチック・コリアが登場した頃から、ジャズ、またはクラシックしかルーツのないピアニストだけではなく、ポップスのセンスを持つピアニストが多くなってきました。今でも、ポップスを弾かせても良い演奏ができるジャズ・ピアニストが多いですね。

フュージョンの時代を経て、１９９０年代に入ると、ピアニストはもう一度ピアノにだけ取り組むことが増えてきました。これはあまりにも音色が多様化してしまったため、自分が集中しやすい本来のアコースティック楽器で表現をしたい、という意志の表れだと思うのです。

僕の年代のシンセ・プレイヤーにとっては、Yamaha DX-7などのデジタル・シンセが出始めた1980年代は、ファクトリー・パッチ（シンセの中に元々入っている音色）をそのまま使うのは恥ずかしいことでした。自分で苦労して作った音でないと、人前では披露できないと思うくらいにみんな自分のパッチにこだわってたし、プロがファクトリー・パッチを使っていたら高校生にまで笑われるような時代でした。

新しい音色を作ることは難解で手間もがかかります。今でもピアノ・トリオにローズやストリングスなど、音色が普遍的なもののパッチの使用は普通だし、バンド・サウンドを広げるものです。でもシンセ本来の音となると、現在は復刻版のシンセが多いので、安直にこれらを使おうとすると、やっぱりちょっと古くさく感じてしまいます。

レイニー・スターン（g）のバンドで僕がサイド・ギターを弾いている時、全く無名な頃のブラッド・メルドー（p）がキーボードで参加したことがありました。だけど、家電量販店で売っているタイプの、あまり上質ではないキーボードを持ってきていて、物凄く上手いんだけど音色がイマイチだったので、それほど印象には残っていませんでした。その後にピアノで頭角を現して、「あの時のキーボーディストか！」と驚いたものです。最近になってキーボードによるアルバムを出していますが、学生時代の方向を知っている僕には、わりと自然な方角に向いたのかな？　とも思います。

シンセを上手く使っているのは、ピアノ／キーボーディストだけではなく、特筆すべき

はオルガン・プレイヤーたちです。元々、ハモンド・オルガンのコントロールは音色を調整するためのものですから、オルガンも「自分の音」を作っているわけです。ピアニストよりもファミリアーになるのも当然です。中堅のプレイヤーでは、NYのスモールズというジャズ・スポットで大人気を誇るサム・ヤエルがいます。彼はキーボードをよく研究していて、新しい音色を使うのが特に上手です。ちょっとお得な情報ですが、NYのスモールズのスケジュールを見てサム・ヤエルと書いてあったら、クレジットされていなくてもブライアン・ブレイドやジョシュア・レッドマンが出ていることがあります（彼らのスケジュールが合えば）。今後はサム・ヤエルのようなオルガン・プレイヤーがシンセの使い方を主導していくかもしれません。もちろん、ハモンドしか使わないという硬派なジミー・スミス派も根強く残っていますね。日本が誇るハモンド・プレイヤー河合代介君は、やはりシンセなどのキーボードに明るくて、いろいろなエレメントを持っています。こういった人たちがザヴィヌル先生の意思を継いでいくのでしょう。

## ◆Piano Players

１９８０年頃にピアニストのマルグリュー・ミラーはジョニー・グリフィンのバンドで活躍していました。僕は、グリフィンさんの来日時にボーヤのバイトを高校時代から断続的にやらせてもらっていました。頭から余談だけど、電車の中で「Hey boy, come right here!」とグリフィン師匠に呼ばれて見せてもらったのが、アメリカ版のプレイボーイ誌で、無修正の◯◯。人生初。鼻血出しちゃいましたが、それが元で可愛がられ、数年後にはレギュラー・ピアニストのロニー・マシューズさんからNYにおいで、という流れになったのでした。このグリフィン師匠のバンドは、ピアノがマルグリューで来日した時があり、しかも僕と同じ歳でショックだったことがあります。マルグリューというマッコイ派の優秀なピアニストが現われましたが、最初はめちゃめちゃ上手いけど、特筆すべきことはなかった気がします。でも数年経つとマッコイがやっていたことや、ガーランドやパウエルがやっていたことも感じさせながら、聴いたことのないアウト感の強いテンションを使ったハーモニーを感じるようになりました。NYのキャットの間で噂にはなり、みんなDigしにいきました。彼が初めてかどうかは分からないけど、その感覚はいつの間にか増殖され、現代的なピアニストたちはそのサウンドをみんなといえるくらい手に入れたと思います。

1990年代になるとブラッド・メルドーが現れます。かれはマルグリューとは違う方法でアウト感のあるテンションを使ったハーモニーを演出します。初期には、米国のジャズ雑誌で「キース・ジャレット派では?」と見られましたが、それは見当が違ったようです。彼の特徴はいろいろあります。例えば、ジャズ・ピアノの基本は左手でコード伴奏、

右手でメロディという分担がありますが、メルドー選手の場合は、左右の手は分担というよりも連続体であるような演奏をします。フィジカルなことは置いておいて鍵盤上の問題だけで処理できるような、クラシックのテクニック。ショパン、リスト、ブラームスのピアノ曲にもあるような運指です。音色、タイム感ともに現代的で特徴的です。

前述したアウトサイドなハーモニー、またはアウトという言葉は、正しくは〝オルタード・テンション〟といわれる、コードトーンではない音を使ったハーモニーや、メロディック・マイナーの上向形やハーモニック・マイナーの転回系からなるスケールから発生するハーモニーを自然に使っています。こう書くと難しいことをやっている感じがしてしまいますが、まあ難しくはあるんだけど、結局絵を描いているんだよね。つまり作品を作ってるんだから、感覚でやってるんですね。だから話は理論的なところに終始しちゃだめなんです。ピカソの絵の具の調合を話しながら絵を見ても仕方がないでしょ?

ピアニストは、他の楽器に比べるとアウトの表現が多彩です。例えば右手はインサイド（キーに沿っている）で左手はアウトサイド、といったことも、またその逆も可能です。これは同じコード楽器でもギターにはできないし、単音しか出ない管楽器にはもちろんできません。王道な弾き方だけど、ちょっと新しい響きを取り入れることが１９９０年代以降のピアニストの特徴でもありました。

それが行き着く先として、また回帰が起こると思っています。ウィントン・ケリー・スタイルやレッド・ガーランド・スタイルの発展系で、しかも今っぽいというものが、この先に出てくるのではないでしょうか。ちょっと時代を遡ったところから新しいものを作り直すのは、音楽に限らずファッションでも絵画でも同じだよね。でもジャズの場合、行き着くところは必ず「Groove」です。プレイヤーは肝に銘じてください！

数年前のマッコイ・タイナーの『Guitars』（2008年）は、これまでギタリストとの共演イメージのないマッコイとギター・プレイヤーたちとのコラボレーションでした。とはいえマッコイとギターの共演は、グラント・グリーンとのものや、ジョージ・ベンソンとのものがあります。特にグリーン師匠の場合は、マッコイ、エルヴィン、ボブ・クランショウ（b）で「My Favorite Things」をやってますが（注3）、ギター以外はほとんどコルトレーン・バンドです。しかも1964年だし。ベンソン師匠のものは現代的な華やかなスタンダード・ジャズです（注4）。「華やかな」が付くのです。さすがスターです！

さてこの『Guitars』ですが、ロン・カーター、ジャック・ディジョネットというベテランのトリオにギターを加えるというものですが、選ばれてるプレイヤーが只者ではないのです。ジョン・スコフィールド、ビル・フリゼール、スライドもかっこいいデレク・トラックス、バンジョーのベラ・フレック、フリーなマーク・リボーです。マッコイとしては珍しい顔合わせ。マッコイがほとんど絡んでこなかったような普通でないスタイルのギター・プレイヤーたちとの共演は新鮮な表現を生んだのです。マッコイのピアノもハードボ

イルドなスタイルというより現代のジャズという感じがします。
　このアルバムの選曲はかつてのマッコイがプレイした名曲やオリジナルです。映画でいうなら『スター・ウォーズ』のEpisode XXとか、新エピソードのようなもので、過去のリメイクの延長に近くはあります。ベテランやレジェンドたちには、少なくとも今まで演奏していなかったような新曲などを持って新しい作品を作り、その底力や、若手に新鮮さを見せてもらいたいのは僕の本音です。きっと、これからはオーソドックスなのに新しいジャズ・プレイヤーが出てくると思います。

## ◆Saxophone Players

　サックスのコンテンポラリーなスタイルでいえば、1970年代のクロスオーヴァー・シーンでの活躍から2007年に没するまで、マイケル・ブレッカーはセンセーショナルに音楽をクリエイトして駆け抜けました。彼の存在は計り知れなく大きかったといえるでしょう。マイケルはコルトレーンのスタイルに影響を受けていますが、それに加えて〝テキサス・サックス〟のスタイルに精通しています。映画『バック・トゥ・ザ・フューチャー』のサックス・プレイヤーを見れば、どういう感じだか分かります。ブルース・ギターのフレーズをサックスでコピーしたようなスタイルで、ジャズ・シーンにその言葉をもたらした源流はソニー・ロリンズです。デイヴィッド・サンボーンから聞いたところによると、サンボーンはB.B.キングなどのブルース・ギタリストをコピーして、そのままサックスで吹けるように練習したそうです。一方のマイケル・ブレッカーはスタンリー・タレンタイン、ジミ・ヘンドリックス、やっぱりB.B.キングなどをトランスクライブ(コピー)して、コルトレーンのインフルエンスとジャズ的な要素とともに消化していったそうです。

今はそういう〝熱い〟サックス・プレイヤーは、現代的なジャズの中では少数派になってしまった感じがします。豪快なブロウはせず、繊細に美しい音色で、何でもこなせるCoolなプレイヤーが主流です。他の傾向としてはクラシックのサックスの素養を持つプレイヤーも多くなったともいえるでしょう。ジャズのクール派とは違いますが、現代的でCoolなプレイヤーを挙げるとマーク・ターナーがいます。どんなに難しい曲で速く吹いても、綺麗な音色を崩すことはありません。変拍子もなんのその。「Days Of Wine And Roses」のテーマを全く崩さずマンマ(楽譜通りな感じ)に吹いていました。一般的にも作曲家に敬意を払う気持ちでマンマの時もありますが、もっと深層心理なところにいる人が現実に現れてしまったような感じがして、妙な凄みすら感じたことがあります。ジョシュア・レッドマンもCoolな感じがするけど、でもどこか暖かい温度を感じます。ラテン人というと明るい感じがしてしまう考えはステレオタイプになってしまうけど、最近ではプエルト

リコ出身のデヴィッド・サンチェス（ts）のように、フリーっぽくて暗い？ でも時々陽性の爆発的エネルギーを感じる。Coolなラーゲ・ルンド（g）とのコンビももう長い。この10年は、より精度の高いアブストラクトな音楽や作曲が生まれてきているのを、特にサキソフォン・プレイヤーから感じます。

音楽性が高くなった反面、分かりやすい感じではなくなったので、グローヴァー・ワシントン・ジュニアやスタンリー・タレンタインのような人情派な（?）体温を感じるサックスの大スターは、今のジャズ界にはいません。スタンリーお師匠様（かつてのボスなので）は「Pieces Of Dreams」や「Mr. T」など、インストだけど大ヒットを何曲も飛ばしていて、今のケニー・Gよりもずっと前にジャズマンとして大人気を誇る存在でした。

アメリカに生活しながら外国人として客観的に観察していると、アメリカ文化としてジャズが根付いていることを感じさせる場面がやっぱり多いものです。そういうもののひとつにTV文化があります。ジャズの番組の話ではありません。コメディアンの登竜門として知られるテレビ番組の『サタデー・ナイト・ライヴ』では、ルー・マリーニのバンドで、サイドにハイラム・ブロック（g）がいたり、かなり濃いメンバーでした。このバンドはのちにブルース・ブラザーズ・バンドと名前を変え、アメリカを象徴するバンドになります。同じく最近終了した『レイトショー・ウィズ・デヴィッド・レターマン』では、ポール・シェーファー（kb / arr）のバンドでウィル・リー（b）やハイラムなどが出演していました。同様の番組で、ジェイ・レノのレイトショーではブランフォード・マルサリス（ts）やケビン・ユーバンクス（g）、昼間のトークショーではロドニー・ジョーンズ（g）が観られました。ロドニーはアメリカの奥様の間では最も有名なジャズ・プレイヤーであった時代もあるわけです。

『サタデー・ナイト・ライヴ』の中のコント（ジョン・ベルーシとダン・エイクロイドのコンビ）が発展し映画になり大ヒットしたのが『ブルース・ブラザーズ』です。ルー・マリーニやアレサ・フランクリンなどが出てきます。続編である『ブルース・ブラザーズ2000』では、B.B.キング、エリック・クラプトンに、ドクター・ジョン、ジャック・ディジョネット、ジョシュア・レッドマン、グローヴァー・ワシントン・ジュニアという物凄い面子でブルース対決をやっちゃうシーンがあります。

アメリカ人にとっては、そういう番組に出ている人はとても身近に感じるものです。だから、そこにジョシュア・レッドマンがいたということは大きな意味を持っています。あれほどアーティスティックな音楽をやっているのに、彼はアメリカではとても有名なカリスマ・プレイヤーです。

ジョシュアの世代にとってはゲイリー・トーマスというプレイヤーがお手本になっているはずです。それほど有名人というわけではないのですが、今のサックス・プレイヤーたちがやっている12音的な手法もゲイリー・トーマス的です。ギタリストもゲイリー・トー

マスをコピーしている人が多いと思います。僕が好きなので贔屓目かもしれないけど、1990年頃のトニー・ウィリアムスのバンドのフロントであったウォーレス・ルーニー(tp)にゲイリーのコンビはマイルス・スクールの発展系のような感じも受けたし、その後のCoolな人たちの始まりでもあったのだと思います。

アメリカのミュージシャンは、ある程度まで腕を上げたら、その先から参考にするのは自分と違う楽器の人であることが多かったり、ある意味普通です。自分のオリジナルな音楽、自分はこう弾く、自分のサウンド、自分だけのもの……。はっきりいってこれは当たり前でボトムなのです。個性が大切で尊重するお国柄だから、一般の人でも同じような演奏をする同じ楽器の人は、何人も必要ないという考え方が強いのです。で、まあ手っ取り早いのは他の楽器を聴いてた方が真似しないで済むよね。軽くいってるけど大切なこと。自分のことをやればそれを楽しみに何年も何年も聴きにきてくれる人ができるのです。

## ◆Roy and Doc（tp）

1980年代の半ばからNYには「ヴィレッジ・ジャズ・フェスティヴァル」という、ヴィレッジにあるジャズ・クラブを中心としたジャズ・フェスがありました。僕も55Bar代表のひとりな感じで毎年出演させてもらっていました。1990年代にパナソニック・

ジャズ・フェスティヴァルと名前を変えましたが、1990年代半ば、打ち上げパーティーの時にトランペッターのロイ・ハーグローヴと同席したことがあります。近年では僕がトミー・キャンベルのトリオを長年やっていたせいで、トミーと彼はBuddy（マブダチ？ 相棒？ みたいな）なので、何度かお互いのバンドぐるみでのセッションもありました。ロイ・ハーグローヴはジャズのビジネスにこれまでとは違う新しい流れを作った人でもあります。彼はデビュー時にジーンズのCFに出ていましたが、こういったタイアップと呼ばれる方法で活動のフィールドを大きくする手法はまだジャズでは珍しかったのです。1994年にヴァーヴ50周年記念にアントニオ・カルロス・ジョビンのコンサートがカーネギー・ホールで催された際も、アメリカのジャズ・シーンで、音楽中心主義をしっかりキープした上でコマーシャルにも成功を収めた代表的なふたり、パット・メセニーとロイ・ハーグローヴがゲスト・プレイヤーで出演し、脚光を浴びました。トランペットに関していえば、ホーン・セクションにマーヴィン・ピーターソン、ルー・ソロフ、ランディ・ブレッカーという強力なメンバーが揃っていたのに彼らはアンサンブルで、メイン・ソリストとしてはロイが務め、ステージ中央に出てきたのですから、いかにポップな人気と評価を得たのかが分かります。彼は常に新しいものを探して自分の音楽に取り入れるし、自らもポップスのフィールドに積極的に関わっています。ディアンジェロ、ドナルド・フェイゲン、エリカ・バドゥなど数多くのポップ・スターのアルバムにも参加していますね。

特にディアンジェロのサウンドには欠かせない多重録音によるアンサンブルは魅力的です。

ロイのビッグ・バンドが来日した時に連れてきた若手の優秀なトランペッター、セオ・クローカーが、僕が横浜でトミーのバンドで演奏している時にSit In（ジャム的に参加するという意味）してきました。ところで、アメリカではジャズ・レジェンドとしてルイ・アームストロングに並ぶほどの名声を得たドク・チータムというトランペット・プレイヤーがいました。彼の90歳の誕生生パーティー・ライヴに招待してもらって会場のNYスイートベイジルで僕の家族と日野皓正さんのご家族と演奏の始まるのを待っていたら、黒ずくめのSPがたった2、3人入ってきた次に、当時のクリントン大統領夫妻が入ってきました。ジャズ好きで自分でもテナー・サックスを演奏する大統領がわざわざ聴きに来るほどの存在だったのです。あとで友人たちに聞いたら、「ドク・チータムを知らないジャズ好きのアメリカ人なんていないよ」といわれました。日本で知られるジャズ史とはやっぱりちょっと違う奥深さを実感しました。その後、20年近くも経ってそのドク・チータムの孫と一緒に演奏する機会がありました。滅茶苦茶上手くてセンスの良い選手ですから、遠くないうちにジャズ・シーンの中心に出てくると思います。これがセオ・クローカーで、既にレジエンドたちとの共演も果たし、彼の世代らしく新しいR&Bやヒップホップとの繋がりも持つストレートなプレイヤーで、まだ30歳くらいだと思います。

## ◆アメリカ内でのジャズ文化の違い

1950〜1960年代の、ポスト・ビバップの時代、NYではビッグ・バンドが下火になっていましたが、地方都市ではまだビッグ・バンドが盛んでした。NYでビッグ・バンドが減った理由としては、人数が多いので予算がかかる、ポップス／ロックの台頭によってダンスの形態が変化し、場所もディスコティックなクラブに移り、ダンスホールが少なくなったこと、ジャズの流行がコンボ中心になってきたことが考えられます。ある映画でのセリフですが、「どうせみんなダンスはしないんだし、だったら予算のかからないコンボでいいじゃないか」という興行主側の都合もあったようです。

だけど、娯楽の少ない地方都市ではダンスは重要なものとして残っていきました。ビッグ・バンドを出演させてもお客さんが入るから元は取れます。スタン・ケントン・オーケストラ（このバンドはジャズ・バンドです）、ビリー・ヴォーン・オーケストラ、ヴィクター・ヤング・オーケストラ（これらはポピュラーなバンドです）など、ジャズも映画音楽もやるというエンターテインメント色の強い、NYにはいないタイプのビッグ・バンドが、特に西海岸では元気に生き残っていたのです。

そういう流れもあって、アメリカでは都市によって異なるジャズ文化が根付いていっ

て、これだけ情報の多い世の中になっても、その影響は残っているし、有名な人も少しづつ違います。
アメリカ国内でジャズが盛んな都市と、その文化を見ていきましょう。

## ◆外国人で溢れるＮＹ

ＮＹ市は外国人で溢れています。特にマンハッタン。観光客も移民も多いところですね。タクシーに乗れば運転手はインドやバングラデシュの人が多く、外国人が乗ったとしたらお互いの訛りが違うために英語が通じなくて目的地を誤解するなんてこともしばしばです。僕が結婚した１９９０年頃は、東洋人はチャイナタウンの中国人以外はまだ多くはなかったんだけど、今はアジア系の大学生や高校生たちをどこにいても見掛けるようになりました。

ジャズを志す若者が世界中から集まるようになったのはかなり昔のことです。ギル・エヴァンスお師匠様がトロントからマンハッタンに移ってきたのも１９４７年頃ですから、歴史がありますね。英語圏以外からもたくさん訪れていますから、英語が上手く話せなかったジャズマンは少なくなかったのです。国内からも目指してきますから、とにかく数が多いので昔から生存競争が熾烈ともいえます。まず、生活するための情報を得るのが結構大変だと思います。ミュージシャンのようにフリーな仕事では、ビザや永住権（グリーンカード）を取得するのが非常に難しいのです。というかそれ以前に、仕事にならないと考えるべきですね。この問題については、特に留学したいと思っている若い人に知ってもらいたいので、書いておきます。

アメリカに留学して、専攻したことを活かして企業に就職すれば、会社がビジネス用のビザの申請を助けてくれますが、ミュージシャンはフリーランスなので、ちゃんと仕事をしていることを証明するのが大変です。別口のビザで来る人も多いけど、基本的にはそれはイリーガルだから、見付かれば滞在の続行や再渡米が難しくなります。でも、イリーガルな滞在であっても、申請してワーキング・パーミッションが出て、納税を続けていれば、グリーンカードを取得できる可能性はあります。移民には本人のお国とその政情でランクがあり、取得の優先順位ができるのです。例えば第一優先となるのは難民です。一般の方は第六優先くらいなので7年以上かかります。ビザを取得するのだって時間がかかります。ビザも永住権もその申請期間中に国外に出てしまうと、その申請は無効になります。事情は認められませんからあとちょっとというところで、国外に出なければならない大きなチャンスや親族の慶事や不幸に出くわす人だって多いのです。一世の場合、誰も楽な思いをしてアメリカに住んでいるわけではないのです。グリーンカードは、本人の国が政情不安定や経済的に苦しい方が取りやすく、日本のように裕福で恵まれている国の場合は、

「アメリカ人を超える」強烈な特技や才能がないと無理に近いです。

今、日本のミュージシャンから「アーティスト・ビザを取得して渡米したい」とか、「どうやったらとれるんですか?」みたいなお話をよく聞きます。はっきりいって「アーティスト・ビザ」なんてありません。「O−1 Visa」（オーワンビザ）というパフォーマンスのためのビザがありますが、多分このことをいっているのでしょう。これは、「いつ」「どこで」「パフォーマンスがどういうものか」を申請します。そしてもしそれがジャズなら、どうしてアメリカ人を使わずに日本人なのか、ということをクリアしなければなりません。他には、レコーディングして帰ってしまう場合などですが、いつ、どこで、音楽レコーディングをし、受け入れる会社はどこで、ギャラはアメリカで支払われるのか、日本の企業で支払われるのか、日本で支払われる場合はノンプロフィット（損益なし）扱いなので他のビザになってしまうとか、いろいろとあります。

例えば、ラスヴェガスのホテルで何月何日にパフォーマンスをするといった時、集客人数や収益見込み、知名度、プロフェッショナルの証明などから判断されて、O−1 Visaを取ることができます。そのビザには有効期限が2年と書いてあるので勘違いしがちですが、2年間無条件にいてもいいよ、ということではありません。繰り返すけど申請したパフォーマンスしかできないのです。中には期限が切れてから潜ってしまう輩も結構いますから、O−1 Visaはますます取得が大変になります（潜る＝イリーガルなまま誰としてでもなくゴーストのようにアメリカで生きていくこと)。中には悪い弁護士の口車に乗って、別の公演があることを虚偽申請するミュージシャンがあとを絶たないと聞きます。不法滞在していることが当局にバレれば、強制送還されてしまいます。そうして、二度とアメリカの地を踏めなくなってしまうミュージシャンは少なくはありません。

しかしながら、ちゃんとリーガルに移住してくる人も多いのがNY。音楽留学ならず、音楽移民が増え続けているので、ジャム・セッションでは外国人が昔よりも目立ちます。セッションやレストラン・ギグをこなす「タウン・ミュージシャン」はアメリカの各都市に多くいますが、そこからひとつ上に這い上がるには有名ミュージシャン、または有名バンドのメンバーになるか、メジャー・レーベルからリーダー作を出す、TVの音楽を担当するなどしかありません。このレベルになると、実力に対する敬意を込めて「ワールドクラス」と呼ばれます。とはいえ「タウン」を揶揄的に表現してるわけではありません。タウンだから実力がないわけではありません。ワールドクラスを超える人もいます。そこがNYのすごいところです。そして一度メジャーになっても、それが続く人は滅多にいないのもアメリカです。

ツテのない外国人ミュージシャンは、いくら上手くてもセッションで演奏するだけになり、アルバイトをしながらでないと生活が厳しいのは普通です。しかしバイトも日本のようにはいきません。バイトは、見付けるのも大変で、継続しないと雇ってもらえないし、

ビザが確かであることや、どんな職でもプロのクオリティを求められても仕方がないなど、条件が厳しいのです。一方、タウン・ミュージシャンの主たる収入であるレストランやバーのギグでも、ちゃんと聴いてくれる人は多くいます。無名であっても演奏が気に入ってくれれば、足繁く通ってくれるんですね。それもアメリカの良いところです。僕もそういった人々に支えられて食い繋いでいくことができて、何とかチャンスを掴むことができ、米国ブルーノートのレーベルであるマンハッタンからアルバムをリリースすることができました。今現在でも無名ミュージシャンを支える文化と風潮は昔と変わっていないですね。

観光客としてNYのジャズを観ようと思ったら、スケジュールをチェックすべきところはほぼ決まっています。ヴィレッジ・ヴァンガード、スモールズ、55bar、ジャズ・スタンダード、イリディウム、スモーク、ブルーノートといった感じです。新しいニューヨーカーのためのスポットなら、今はブルックリンがトレンディです。観光客は滅多にいません。このクラブの数は、アメリカ人の感覚だと物凄く多いらしいけど、日本の人にとってはちょっと少なく感じるかもしれませんね。ヴィレッジ・ヴァンガードやブルーノート以外はタウン・ミュージシャンが出ていることも多いので、地元でしか知られていないようなバンドも多いです。こういうギグの方が逆に面白いのです。レコード・ビジネスに支配されていないし、本当に自分の音楽を求めている新鮮なエネルギーを感じます。なんかヒントがあるかもしれません。NYのこういう人たちは技術的なレベルは平均して高いです。昨今では日本人の上手い人がやたら多いです。どの国から来た人でも、バークリー留学卒業後にはまずNY滞在、なんて当たり前です。

僕も気を付けなければならないけど、留学などでアメリカに渡ってから日本に帰ると、アメリカの全てを知っているかのように語ってしまうことが多いですね。10人の日本人選手がいたら10個の違うNYがあるのです。そんな語りの中には「ジャズ・ミュージシャンはギャラが少ない」とか「生活が苦しい」「食えない」というような印象ばかりをもたらすものが多いよね。それは確かにそうかもしれないけど、タウンからワールドクラスの仕事をこなせるようになり、そういったフィールドまで到達できれば日本よりもずっとギャラも良いし、ツアー先でも丁重に扱ってもらえるようになります。NYに住む音楽家なら誰だって、アメリカの音楽界の中心まで行きたいと思っています。しかしそれは大変な道のりです。ボトム（最低限）は「自分の音楽をプレイすること」です。

## ◆Jazz City

いろいろな都市のジャズ・シーンをざっと見てみましょう。

カリフォルニア州オレンジカウンティはインターネットのジャズ局が最も多いといわれ

ています。大学生の活動が活発で、大学からの助成もあります。僕も米国ブルーノート／マンハッタンからCDを出した時にそんなラジオ局に出演したことがあります。西海岸の主要な街には日系人のコミュニティがあるので、日本人である僕を支援してくれることがありました。トーレンス、ロサンゼルス、サンフランシスコには日系の企業も多く、お店やデパート、モール、家電量販店など、日本からのものが多く、特に日本食レストランなどではジャズをBGMにしてるところも多く、日本と同じ感じ。

サンディエゴにはメキシコ系アメリカ人が多くいるため、ラテン・ジャズも盛んです。西海岸でサンフランシスコに次いでストレートアヘッドのレベルが高いことも話題になります。ブラジルからの移民はサンディエゴ、ロスに多く、ブラジル音楽とジャズ・フュージョンとの結び付きも既に歴史があります。距離でいえばブラジルからはNYの方が近そうだけど、たぶん気候や海があることなどが、リオデジャネイロに近いので移民しやすい環境なんだと思います。ブラジリアンは、リズム的にもハーモニー的にも、ウエスト・コーストな音楽とフュージョン（融合）しやすいということが一番の理由でしょう。

サンタフェは看板を出しているわけじゃないけど、レコーディング・スタジオなどの音楽制作の現場が多い。観光地だからライヴ・エンターテインメントのため、ジャンルはジャズとは限らないけどミュージシャンも多い。日本でも人気がある観光スポットで、街の色合いは「サンタフェ・カラー」という言葉があるくらいナイスですね。ビッグ・バンドの時代はあまりジャズとは縁がなかったけど、よりリゾートな街になってからはだいぶ変わったようです。

みなさんご存知のようにラスヴェガスは世界で一番有名なカジノの街ですね。東海岸のアトランティックシティも同じくカジノの街であり、エンターテインメントの街。アトランティックシティは今ではあまり勢いがなく、撤退する企業も増えています。でもヴェガスは健在なんてものではありません。ギャンブルの他にデビッド・カッパーフィールドとかのマジック・ショーや、ロックやポップスのスーパースター、かつてのロカビリーのスターたちのコンサートなどはむしろそこに行かないと聴けません。ボクシングやプロレスのタイトルマッチも有名です。エンターテインメントの街ですからジャズの生演奏も多く、ミュージシャンがたくさんいます。バーなどBGM的なジャズしかやれない場所が実際多いですが、それでもレベルは結構高く、音楽目的のライヴをやることも多いので、あなたがカジノ好きならジャズも聴けてお得です。

僕はギャンブルをやらないけど、地元の人に聞いた裏情報も書いておきましょう。バニーガールが若い女の子の場所は、雇うのにお金がかかっているのでスロットの当たりが少ないことが多い。だけど、ご年配のバニーガールがいるところはスロットの当たりが多い……。本当かな？　カジノの入場料はありません。みんなお金落とすもんね。飲み物も、ソフトリカーやハードリカーやカクテルも、タダでサービスしています。但しバニーガー

ルに1ドル、できれば2ドルがナイスだけど、チップをあげます。それだけです。遊園地やショッピングなども有名ホテルとともに発達しているので家族で遊びにいく街としても有名です。ダイアナ・ロスやスティーヴィー・ワンダーといった超大物のコンサートは、ラスヴェガスかアトランティックシティでしか観ることができません。アトランティックシティは今日では雰囲気もイマイチなので、みんなラスヴェガスに行ってしまいますね。

ニューオリンズは、ジャズ発祥の地としてディキシーランド・ジャズが観光資源になっています。リアルタイムなジャズという面ではそれほど盛んではないけど、南部なブルースなども有名です。美味しいケイジャンを食べてディキシーランドを聴いて……という観光はすごく楽しいのでお薦めです。

テキサス州のダラスは音楽全般が盛んで、近年の良いミュージシャンを多数輩出しています。ギタリストのジミー・タンネル、アレンジャーのボブ・ベルデン、ドラマーのジェフ・ハーシュフィールド、パーカッションのジェイミー・ハダードなどは、ダラス出身ですね。テキサスは日本人には縁遠いかもしれないけど、ジャズの教育では有名です。

東海岸の南端であるマイアミはアメリカでトップクラスの音楽制作を誇る音楽産業の街です。ライヴもコンサートも多い土地ですね。本物に近いサルサがあって、アメリカ南部の音楽が全部あって、パーティーが盛んなのでミュージシャンも数が多いのです。キューバからのExile（亡命者）も多く、ラテン人がマジョリティでスペイン語も公用語に近いので、当然ラテン、ラテン・ジャズといったらマイアミです。ストーンクラブというカニが名物だから必ず食べてね！　日本の毛ガニの次に美味しいよ。

東海岸ではボストン、シカゴ辺りが音楽の街です。ボストンのジャズはやはりバークリー音楽院があり、街自体が勉強の街であることから独自な発展をしました。ニューイングランドというくらいだからイギリスっぽく、そして音楽はクラシックの街でもあるせいかアカデミズムが強く、ブルージーなジャズよりもっとECM的なコンテンポラリーなジャズが盛んです。ボストンにはアメリカ最古の音大であるニューイングランド・コンサバトリーもあって、ミロスラフ・ヴィトウスやミック・グッドリックはかつてここで教えていました（ミックさんは今はバークリーで教えています）。小沢征爾さんが1973年から2002年まで常任指揮者を務めたことで有名なボストン・シンフォニー・オーケストラもありますね。『ピンクパンサー』（ヘンリー・マンシーニ）や『スター・ウォーズ』（ジョン・ウィリアムス）で有名なボストン・ポップス・オーケストラはこのシンフォニー・オーケストラと併設された楽団です。ジョン・ウィリアムスも常任したことがあります。クラシックの影響を受けたジャズは透明で美しく、独特の世界を生みました。その中にはいわゆるツー・ファイヴとは違ったディミニッシュ・コードを使った美しい解決のパターンがあり、それを聴くと、「あ、バークリーだな」という印象で、一部のジャズマンの間でボストニアン・チェンジと呼ばれています。

余談だけど、ボストンはロブスターも有名だけど、安くて美味しいタイ料理店が多いので、バークリー出身のミュージシャンにはタイ料理好きが多いのです。マイク・スターンのうちに行くと時々デリバリーしてもらって食べてました。

シカゴは今でもビッグ・バンドの時代の名残りがあり、社交ダンスに絡んだジャズが健在です。シカゴは、スタンダードなブルースのタイトルにもなっている「ルート66」の出発点で、その国道はロスのサンタモニカまで繋がっていました。かつてはツアーに出るミュージシャンが必ず演奏する場所でした。飛行機の時代になり、州間高速道路ができてしまってからは廃線になりました。ルート66沿いのかつての宿場町などは寂れてしまうか、ゴーストタウンになりました。今ではシカゴはブルースの街です。

アメリカ国内のジャズ・シーンは実に多様です。みなさんがNYに行って聴いてくるトップクラスのジャズマンはNYに住んでいるわけではなくアメリカ中に散らばっています。中央集権型のようでそうではないのですね。ここにR&B、ヒップホップ、ポップスやロックも絡んでくるから、街によって全く違う音楽シーンが広がっています。朝ご飯はどこで食べても全く同じメニューのアメリカの音楽都市を巡るツアーなんか楽しいと思います。どうですか？

## ◆最後に僕のこと

ここまでいろいろとジャズの過去から現在まで語ってきたけど、ジャズ全体の未来については僕が語るようなことではありません。だけど、僕は自分のジャズについてなら語ることができます。

僕のギター・スタイルは比較的オーソドックスだと思っています。伝統的なジャズとブルースの感覚がある上で、自分なりに感じた新しいものも取り入れているつもり。本場のジャズを自分の中に取り入れようと、ジョー・ジョーンズJr.、スタンリー・タレンタイン、日本に帰国してからのトミー・キャンベルのバンドなど、オーソドックスでブラックなジャズのバンドで常に演奏してきました。かつては僕の自分自身の音楽というのは自分の作曲したものであって、伝統的なジャズのことは自分の音楽だとは思っていませんでした。ですから自分のバンドもコンテンポラリー・ジャズなメンバーでやってきました。ある時に、トミーに「お前は俺のバンドで弾いている時でも、本当の自分の音楽が別にあると思ってるんだろうけど（見透かされた……笑）、こういうオーソドックスなジャズもお前自身だよな」といわれて、そうかもしれないとやっと気が付いたのです。だから、あまり自分がこうなろうと決め付けないで、やれることをやり続けようというのがひとつの目標で

す。自分で作ってしまった殻を破るのは難しいものです。
　2015年3月に発売した『HARUACO』は、僕にとっては大きな事件でした。これはベースの高梨学とデュオでセッションしたCDだけど、発売する予定も何もなくて、ただ彼と譜面もなしに知ってる曲をスタジオで演奏して、たまたま彼がそれを録音していただけです。今までのCD制作は、コンセプトを決めて、作曲をして、譜面を書いて、リハーサルをして、予算も考えたり……と、かなり大変な作業を経て作り込んでいました。だけど『HARUACO』は意図も何もなく録音しただけのもの。特にパンチとかしてないし、ただ弾いただけなのね。しかも自分のギターじゃなくて、そこにあったギターを使ったので、これはギター・プレイヤーとしては想定外なんてもんじゃないのです。裏返せば「超」を付けたいくらいの自然体かも……。周りの反応を見ると今までとは異質な暖かさを感じました。初めてのインディーズであり、なんの制約もなく、また、CDを作ること（マニファクチュアやその他）がどんなに大変なのか初めて経験しました。これからは今以上に自然な姿勢で音楽を作れるかもしれません。
　あとはオリジナルがたくさん溜まっているので、自分のバンドでそれを演奏し、アルバムを作りたいです。日本の仲間と制作するのか、NYの仲間と制作するのか、まだ分かりません。やろうといってくれる人がいるということはすごく幸せです。グループでまだやりたいことは山積み、かつてのレギュラー・トリオ、ハービー・Sとダニー・ゴットリーブと集まれば自然に何かできてしまいます。彼らからもそろそろやろうと声がかかります。

今はNYよりホノルルにいることが多くなっています。自然の中で自然の音を聴いているとそれ自体が音楽に聴こえます。子供の頃からこれには気付いていたので、戻った感じはありますが、それが宇都宮の自然ではなくて海辺の音だったりしているわけです。海風を聴くと、それがホワイトノイズに近いからでしょうけど、その中にあらゆる音楽を聴くことができます。これにインスパイアされて作曲、とは思っていません。自分の身体が周りの音と同化するのを楽しむのは演奏している時と同じです。どうなっていくのかあまり決めない方が楽そうです。みなさんも空気で、身体で音楽を聴いてくださいね！

僕はジャズが大好きで、それしかないくらい。理由はないです。古い音楽が好きだからとか、音楽の歴史が詰まっているからということではなく、現在進行形の一番「かっこいい」音楽だと思うからです。かっこ良くなければ、僕はそれをジャズとは呼びたくありません。

**注1**：ピックアップのパッシヴ／アクティヴ……ピックアップのマグネットとコイルを弦の振動によって発生した電力をそのまま出力するタイプをパッシヴと呼ぶのに対し、ノイズ対策や幅広い音作りを実現

するためにプリアンプを搭載したものをアクティヴと呼ぶ。アクティヴはプリアンプを駆動されるための電源（電池）を必要とする。

**注2**：（ネックの）縦方向……米国のプレイヤーの間では、ギターの音程の低い方（ロー・ポジション）から高い方（ハイ・ポジション）まで、またはその逆を「縦＝Vertical」な方向といい、6弦から1弦まで、またはその逆の方向を「横＝Across、またはAcrossing」という。これは日本での捉え方とは逆である。

**注3**：グラント・グリーンの「My Favorite Things」……1964年にブルーノート・レーベルで録音された『Matador』に収録されている。リリースは1979年だった。

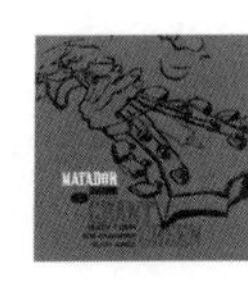


**注4**：マッコイ・タイナーとジョージ・ベンソンの共演盤……1989年にワーナーからリリースした『Tenderly』。他にロン・カーター（b）、アル・フォスター（ds）という布陣。

▲ブルックリンの有名レストランの前で微笑む著者。

頃から、作曲家・プロデューサーとしての活動も開始。

1992年には米国キャピトル／ブルーノートのマンハッタン・レーベルから『A Galactic Age』をリリースし、全米、全欧デビューを果たす。

近作に『HARUACO』（2015年）、『HARU SOLO』（2006年）、『Manhana Walk』（2003年）がある。


ジョー・ジョーンズJr.、ポール・モチアン、ジェフ・ハーシュフィールド、ルイス・ナッシュ、リッチー・モラレス、ダニー・ゴットリーブ、トミー・キャンベル、クラレンス・ペン（以上ds）、ハービー・S、マイケル・フォーマネク、ジャコ・パストリアス、ミルト・ヒントン、エディ・ゴメス、エド・ハワード（以上b）、バリー・ハリス、ロブ・シュウィマー、ラリー・ウィリス、ディック・ハイマン、ジョン・ヒックス（以上p）、ウェイン・ショーター、スタンリー・タレンタイン（以上sax）、大野俊三（tp）等、多数の著名ジャズメンとのライヴやレコーディングで共演、交流を深めている。

# VOICE OF BLUE Real history of Jazz
## 舞台上で繰り広げられた真実のジャズ史をたどる旅

著：高内春彦

定価（本体1,600円）＋税
ISBN978-4-8456-2668-7

2017年4月20日　第1版1刷発行
2019年1月18日　第1版2刷発行

【発行所】
株式会社リットーミュージック
〒101-0051 東京都千代田区神田神保町一丁目105番地
https://www.rittor-music.co.jp/

発行人：松本大輔
編集人：永島聡一郎

【乱丁・落丁などのお問い合わせ】
TEL：03-6837-5017 ／ FAX：03-6837-5023
service@rittor-music.co.jp
受付時間／ 10:00-12:00、13:00-17:30（土日、祝祭日、年末年始の休業日を除く）

【書店様・販売会社様からのご注文受付】
リットーミュージック受注センター
TEL：048-424-2293 ／ FAX：048-424-2299

【本書の内容に関するお問い合わせ先】
info@rittor-music.co.jp
本書の内容に関するご質問は、Eメールのみでお受けしております。お送りいただくメールの件名に『VOICE OF BLUE』と記載してお送りください。ご質問の内容によりましては、しばらく時間をいただくことがございます。なお、電話やFAX、郵便でのご質問、本書記載内容の範囲を超えるご質問につきましてはお答えできませんので、あらかじめご了承ください。

編集担当：久保木靖／橋本修一
デザイン：久米康大
DTP：ANTENNNA

印刷／製本：図書印刷株式会社

Rittor Music
April,2017
Printed in Japan



JASRAC　出　1702972-802

## 著者プロフィール

# 高内春彦

（たかうち・はるひこ）


1954年8月5日、栃木県宇都宮市生まれ。

東京造形大学美術科に進み、油絵／版画を専攻。

ピアノを6歳から、ギターは15歳から始める。

中学時代よりジャズを聴くのが大好きになりジャズ・マニアとなる。

大学時代はジャズ研で活動。18歳の時から2年間、渡辺香津美氏に師事する。


大学卒業後、1980年渡米。ニューヨークで自己のバンドHIKO BANDの活動開始。

同時にフリーランスとしてセッション活動も開始。大野俊三（tp）との共演をはじめ多数のジャズメンと共演。

1984年にはマイク・スターン、ジェフ・アンドリュース、ジャコ・パストリアス、ボビー・ブルーム、ヴィクター・ベイリー、レイニー・スターンなどと共に練習セッションをNYの55バーにて開始。

同店を拠点として、ブルーノート、ミケルズ、ヴィレッジゲート、7th Avenue South など一部は現在もうなくなってしまった有名店やアポロ・シアターなどのコンサート等でのライヴ活動を展開。

1987年にコンピュータやシーケンサーを導入し、NHK／BBCの『銀河宇宙オデッセイ』（1990～1991年）などの 音楽を担当する